LIBERATE DE

Cónyugues Espiritules

(Espíritus Marinos)

Por

ZITA GRANT

DERECHOS DE AUTOR

Impreso en los Estados Unidos de América
ISBN 978-1-945491-12-2

Publicado por 2 Tigers LLC

Diseño de portada por 2 Tigers LLC

Traducción por Jeffrey M. West

La primera edición

EXPRESIONES DE GRATITUD

Gracias, Padre Celestial, por responder a mis oraciones con respecto a muchas cosas cubiertas en este libro. También, te doy toda la gloria, el honor y la alabanza ya que repetidamente tu Palabra nunca ha fallado a aquellos que eligen creer en tu Hijo, Jesucristo.

Un agradecimiento especial a las personas que han sido una fuente de inspiración, motivación y un segundo par de ojos durante la compilación de este trabajo; Kevin L. A. Ewing, Cindy Washburn, Jerry e Imani, solo por nombrar algunos.

Es mi oración sincera que todas las personas que buscan la verdad la encuentren y que este libro los ayude a ser libres de la esclavitud espiritual que tal vez no sabían que los había encarcelado.

TABLA DE CONTENIDO

Notas para el lector

Advertencia

Satanás y sus demonios no quieren que leas este libro u obtengas ningún conocimiento de cómo operan. Si crees en este tema o no, no afecta los eventos reales que sucedieron en la vida de muchas personas. Puedes experimentar muchas distracciones tratando de que no leas las Escrituras, digas las oraciones incluidas y termines de leer hasta el final. Para ayudar con esto a continuación hay una oración para armarte espiritualmente a medida que aprendas más acerca de los Cónyugues Espirituales y el Reino de los Espíritus Marinos.

"Padre celestial, humildemente te pido que me cubras y protejas mientras leo el material contenido en este libro. Dame Padre, una mente clara para comprender los contenidos y el espíritu de discernimiento mientras reflexiono sobre mi vida a medida que la revelación y el conocimiento se imparten en mí. Estas cosas te pido y te agradezco en el precioso y poderoso nombre de tu Hijo, Jesucristo nuestro Señor. Amén."

Primero, seamos claros, tú espíritu ES TU VERDA-DERO SER. Cuando nuestro cuerpo carnal muere, nuestro espíritu seguirá vivo por la eternidad. Todo lo que ocurre en el Mundo Espiritual se manifiesta en el Mundo Físico una vez que un espíritu y un ser humano hacen un pacto/acuerdo. Para detener estas manifestaciones, el pacto/acuerdo DEBE romperse. Este libro está dividido en dos partes principales.

La primera habla acerca de cónyuges espirituales (espíritus marinos), cómo identificar si estás casado con uno, sus atributos y cómo se produjo el matrimonio espiritual. La segunda parte proporciona una comprensión más profunda de los espíritus marinos. Sus atributos, cómo usar la Palabra de Dios como un arma contra ellos, no solo para que usted permanezca libre de estos espíritus, sino también para reconocer y ayudar a otros a liberarse de ellos.

Al final hay escrituras y una oración para ser liberados de los matrimonios espirituales.

CLAVE - El sexo tiene poderosos resultados espirituales. Une a personas que realizan este acto como **una sola carne** a través de sus almas, espíritus y cuerpos. Es por eso que Dios dijo que era solo para el matrimonio y el

Mundo Espiritual lo sabe, usando la ignorancia del hombre a esto para posesión demoníaca y aflicción a través de cónyugues espirituales. El único otro acto más poderoso es el de sacrificios/pactos de sangre.

Tiene poderosos resultados espirituales. Une a personas que realizan este acto como **una sola carne** a través de sus almas, espíritus y cuerpos. Es por eso que Dios dijo que era solo para el matrimonio y el Mundo de los Espíritus lo sabe, usando la ignorancia del hombre para esto por posesión demoníaca y aflicción a través de cónyuges espirituales. El único otro acto más poderoso es el de sacrificios de sangre/convenios.

Definiciones de palabras clave:

Satanás – quien se llamaba Lucifer en el cielo, el nombre cambió cuando cayó de la gracia. Él organiza la actividad de sus seguidores espirituales, quienes hacen su mala voluntad sobre la humanidad.

Arrepentirse – sentir o expresar pesar sincero o remordimiento por el mal o el pecado de uno.

Pacto - un acuerdo, contrato, tarea, compromiso, garantía, orden, señal, promesa, vínculo.

Cónyuge - un esposo o esposa. Considerado en relación a su compañero, pareja, consorte, mejor mitad, otra mitad.

Reino - un territorio asociado o considerado como estar bajo el control de una persona o cosa en particular, dominio, provincia, territorio, arena, zona.

Marino - de, encontrado en, o producido por el mar, agua de mar, agua salada, acuático.

Espíritu - la parte no física de una persona considerada como el ser verdadero de una persona y es capaz de sobrevivir a la muerte física o la separación; un ser sobrenatural.

CAPÍTULO UNO

¿Qué es un Cónyuge Espiritual?

Este tipo de espíritu toma la forma de una persona, cuyo rostro se relaciona específicamente con usted; a menudo aparece con la cara de alguien familiar. Las interacciones de estos cónyuges espirituales no se limitan solo a los sueños. Hay quienes han tenido experiencias con ellos físicamente apareciendo solo por breves períodos. Muchos tienen encuentros detallados con cónyuges espirituales mientras duermen, en lo que era tan real que la evidencia física permanecía al despertar.

Son muy posesivos, y su única intención es la destrucción total y la muerte de todos los que se casan a través de los pactos impíos. Sus actos de adoración y amor son solo disfraces para evitar que su víctima humana intente cortar los lazos. No se deje engañar; Harán lo que sea para evitar que tengas una relación duradera y significativa con otro ser humano. A menudo, harán que las personas solteras adopten una falsa actitud repelente para que cualquier persona interesada en ellas pierdan interés de forma lenta o repentina.

Muchas personas han experimentado la tristeza después del dolor de las relaciones fallidas. Comprenda que es la voluntad de Dios que usted haga un pacto con la persona que Él ha ordenado para que, juntos, ambos le den gloria. Lea el contenido de este libro y, con total honestidad contigo mismo y con Dios, comience el viaje hacia la liberación y hacia el final deseado por Dios para su vida.

¡Por Dios, los espíritus NO deben casarse! Use estas escrituras contra ellos y profundiza tu conocimiento de la Palabra de Dios; ¡Ejercita tu autoridad a través de Jesucristo!

Mateo 22:29-32 Reina Valera Actualizada (RVA-2015)

29. Entonces respondió Jesús y les dijo: "Están equivocados porque no conocen las Escrituras, ni tampoco el poder de Dios;

30. Porque en la resurrección no se casan ni se dan en casamiento sino que son como los ángeles que están en el cielo.

31. Y acerca de la resurrección de los muertos, ¿no han leído lo que les fue dicho por Dios?

32 Yo soy el Dios de Abraham, el Dios de Isaac y el Dios de Jacob[a]. Dios no es Dios de muertos, sino de vivos."

Levítico 19:19 Reina Valera Actualizada (RVA-2015)

19. 'Guardarán mis estatutos. No harás copular dos animales de especies diferentes. No sembrarás tu campo con una mezcla de dos clases de semillas. Tampoco te pondrás un vestido tejido con hilos de dos materiales distintos.'

Levítico 19:19 claramente está demostrando el mandato de Dios de no mezclar especies. Los humanos y los espíritus no deben unirse/producir físicamente.

CAPÍTULO DOS

Los Atributos de un Cónyuge Espiritual

- Son extremadamente tercos, agresivos y peligrosos. A menudo, cuando comienzas a trabajar en liberarte de ellos, pueden aparecer lesiones físicas en tu cuerpo (arañazos, mordiscos, síntomas de enfermedad sin confirmación médica, etc.).

- Son persistentes, siempre trabajan, por lo que no ofenden a Satanás. Van contra todas tus debilidades y las usan contra ti.

- Son persuasivos en hacer que hagas asignaciones impías, presionando a las personas que no tienen discernimiento del pecado.

- Son puntuales y están comprometidos con su trabajo, mira la consistencia y el tiempo de tus ataques; verás que sus patrones son regulares.

- Son mentirosos y engañan. Todos los dones (los regalos físicos dados por otras personas que tienen espíritus activos en su vida y el Espíritu Santo te ha advertido sobre los regalos/la persona), dones sobrenaturales (como la psicoquinesia (abilidad de mover cosas con la mente), la telepatía, comunicación con "los muertos", etc., dinero, trabajos, etc. Todo lo que dan es solo para tu destrucción completa.

- Son productivos, lo que significa que quieren controlar toda tu vida con el fin de destruirlo no solo pararse en un porcentaje de tu vida. Trabajan para tener un control del 100 por ciento.

- Son muy poderosos sobre sus capacidades malvadas y pueden influenciar grandemente tus sueños.

- Te hacen sentir sexualmente emocionado incluso cuando no hay nadie cerca. Sigues adelante con el deseo a través de la masturbación; es el cónyuge espiritual que quiere que esto te mantenga atado. Además, esta es una de las únicas formas en que estos espíritus disfrutan el placer, a través de un cuerpo humano dispuesto.

- Te iniciarán en ser como ellos, - malvado. Usando medios tales como darte sueños extraños de estar en lugares desconocidos, participando en prácticas aparentemente inocentes. Cuando te despiertas, te sientes cansado porque espiritualmente te estaban utilizando.

- Te quitarán tu gloria y tu prosperidad. Todo lo que posees estos espíritus lo toman, el cónyuge espiritual hace lo contrario a la ley de Dios y le sustrae.

1 Corintios 11:3 Reina Valera Actualizada (RVA-2015)

3. Pero quiero que sepan que Cristo es la cabeza de todo hombre, y el hombre es la cabeza de la mujer, y Dios es la cabeza de Cristo.

- Pueden quitarte tu poder espiritual al debilitar tu vida de oración. Esto te debilitará contra sus ataques llevándote más profundamente a la esclavitud/opresión por parte de ellos.

- Pueden destruir, retrasar tu matrimonio físico o impedir que te cases. Cualquier persona que entre a tu vida se irá repentina o eventualmente. Te harán odiar a la persona con la que te vas a casar. A las mujeres que desean casarse, les matarán ese deseo.

- Causan desgracias en tu vida. Todo funciona para otros y no para ti, estás casi al borde de un gran avance, pero nunca llegas a la promesa. Ellos te quieren para sí mismos y no quieren que nadie más te tenga.

10. El ladrón no viene sino para robar, matar y destruir. Yo he venido para que tengan vida, y para que la tengan en abundancia.

- Ellos se encargarán de que trabajes duro, pero sin obtener una recompensa definida por tu trabajo. Tan pronto como consigas algo, te lo quitan de uno u otro modo.

- Causan confusión matrimonial ... siempre hay confusión en tu matrimonio si llegas a tener un matrimonio físico.

- Ellos son el enemigo con motivos asesinos; matan tu alegría, paz, salud, llamado en la vida, virtud, matrimonios, etc.

- Violan el derecho de sus víctimas ya que la mayoría se unen a ellos a través de medios involuntarios (chantajeados, manipulados); forzados o hecho por el acto desconocido de otra persona.

- Pueden tentar con regalos físicos. Una manera puede ser en forma de soborno.

- La misericordia está lejos de ellos; no tienen ninguna, ya que su único objetivo es destruirte.

- Difícilmente fallan su objetivo previsto, cerrándose solo con usted en su punto de mira; son persistentes en sus búsquedas.

- A menudo aparecen con rostros familiares, una táctica para bajar la guardia de sus víctimas.

- Ellos empoderan la lujuria y la decadencia en la sociedad. Ofrecen éxito mundano, riquezas por las cuales muchas personas se comprometerán, cultivando continuamente la inmoralidad.

- Las prostitutas son muy utilizadas como carnada fuerte para enredar a su objetivo. (Nótese que una prostituta es alguien que usa su cuerpo para obtener ganancias materiales. No tienes que estar en la esquina de una calle, puedes ser alguien que "parezca una persona respetable, normal y cotidiana", sin embargo, harías cualquier cosa para obtener ganancias materiales también como una carrera y/o avance social).

CAPÍTULO TRES

¿Cómo Sucedieron estos Matrimonios Espirituales?

1. Alguien de tu familia fue con una bruja o un brujo y formó un pacto para tener un hijo. Un espíritu le abre el útero a la mujer y toma posesión del niño antes del nacimiento, a través del matrimonio espiritual debido al pacto hecho con el espíritu.

2. A veces los miembros de la familia buscan protección sobre su familia, y entonces toda la línea de sangre ahora está en el pacto, lo que significa que todas las generaciones futuras tendrán cónyuges espirituales.

3. A través de la herencia de un padre que quizás ni siquiera sabía que tenían un cónyuge espiritual.

4. Puede entrar por violación o abuso sexual de la víctima y por herencia de espíritus como resultado de la violación o abuso sexual que le sucedió a un antepasado, también por aborto.

a. En este caso, uno rezaría en contra de cualquier maldición heredada, ya que la violación y el abuso sexual son aperturas ampliamente utilizadas para el vínculo espiritual. El resultado del acto tiene efectos fisiológicos incluso si la víctima se niega a reconocerlos; aún se manifiestan en áreas del desarrollo de la víctima.

b. El aborto es algo que ha sido utilizado por el "médico" como un medio para ayudar, ya sea a sabiendas o no, a la continuación del sacrificio humano. La sangre representa la vida en el Mundo Físico, y su poder alimenta el Reino del Espíritu. Esta es la razón por la que a menudo los sacrificios de sangre fueron solicitados por Dios antes de que Jesús derramara Su sangre en la cruz. Los fetos abortados y las placentas se usan ampliamente en la industria cosmética / de belleza (ingredientes, urea y colágeno) y también son robados y vendidos a aquellos que practican la brujería.

5. Al participar en bailes tradicionales usando tambores, etc. en festivales/carnavales invocan espíritus

ya que los bailarines se visten como sacerdotes feti-
chistas, usan disfraces, etc. Esto "casa" el linaje de
la familia hasta que alguien tome una posición, se
arrepiente por el pecado ancestral, y venga en contra del altar erigido. (Nota: Un altar no necesariamente tiene que ser del tipo tradicional, una superficie plana como una mesa, pero puede ser cualquier cosa que se use cuando se hizo el pacto maligno. Puede ser un árbol, una tumba, un lugar de-
terminado afuera o en un edificio, prácticamente
cualquier cosa o en cualquier lugar). Si quieres bailar, hazlo por Jesús durante tu tiempo de alabanza y
adoración.

Ya sea en tu ciudad o cuando viajes y te encuentres
con ese tipo de baile, no pienses que es solo por di-
versión y/o entretenimiento. Estas danzas invocan a
los espíritus que desean poseer un cuerpo humano
para abrirse camino en el mundo físico. La mayoría,
si no todas estas danzas, fueron transmitidas como
una costumbre para dar gracias y honor a una deidad u otra (que no sea Dios). Por lo tanto, no es solo
un medio para que los espíritus se acerquen o po-
sean a una persona, sino que, para un creyente, están "adorando a otros dioses".

Se planteó una pregunta relacionada con la danza del vientre y formas similares de baile …… si nos fijamos en su historia, la danza del vientre se utilizó como un medio de seducción. El baile a menudo pone a los espectadores en un trance similar a cómo las cobras afectan a sus presas cuando "bailan" antes de atacar. Además, a través de la historia, fue la mejor forma de bailar en todo el mundo.

¿Qué hay de otros tipos de presentaciones que puedas imaginarte? Bueno, consideren qué tipo de " presentación " fue … burlesque, por ejemplo, también es tentador, y si miramos a los artistas de hoy, casi no hay ninguno que no esté bailando para mantener "cautivada" a su audiencia. Piensa en la hija de Herodes (cuya madre era la reina Herodías) que actuó para él y sus invitados reales, atrayendo a todos los que miraban. Ella pidió la cabeza de Juan el Bautista siguiendo las instrucciones de su madre, ya que Herodes le dijo lo que quisiera que él le daría si ella bailara para él.

Mateo 14:6 Reina Valera Actualizada (RVA-2015)

6. Pero cuando se celebró el cumpleaños de Herodes, la hija de Herodía danzó en medio y agradó a Herodes,

6. La perversión sexual; la pornografía, la masturbación abren la puerta a un cónyuge espiritual. La promiscuidad, tener relaciones sexuales, realizar actos sexuales cuando no estás casado (y con tu cónyuge físico): les abre la puerta para que entren en tu vida y contaminen tu espíritu. **Con cualquiera con quien tengas relaciones sexuales <u>fuera del matrimonio</u> te abres a los espíritus de las últimas siete personas con las que cada uno de ellos tuvo relaciones sexuales: HAZ LA CUENTA.**

7. A través de tatuajes y las perforaciones. Para las mujeres, **un juego** de piercing en la oreja es común para el adorno. Sin embargo, a través de la historia, los hombres llevaban perforaciones en los oídos como un signo de ser propiedad, esclavo y como un signo de homosexualidad. Además, la pregunta que la gente debería hacerse es por qué tienen tantos pendientes en los oídos, ¿es para "seguir una tendencia de moda?" Hay un gran peligro en "seguir tendencias" ya que pocos son nuevos bajo el sol y tienen raíces en costumbres muy viejas... la gente apenas estudia por sí misma, solo "siguen."

Las perforaciones, en particular, son aquellas que se encuentran en otros lugares del cuerpo además de los lóbulos de las orejas. Algunas personas las tienen para aumentar el placer; otros nuevamente siguiendo las tendencias. Las escarificaciones (insiciones) y las perforaciones son viejas costumbres hechas por muchos otros adoradores de deidades, principalmente por los muertos.

Levítico 19:28 Reina Valera Actualizada (RVA-2015)
28. No harán incisiones en sus cuerpos a causa de algún difunto ni grabarán tatuajes sobre ustedes (tatuaje). Yo, el SEÑOR.

8. Vestimenta indecente: la vestimenta modesta es la clave (¡no siempre pasada de moda, usando faldas hasta los tobillos y blusas de tipo cuello alto!) Ropa excesivamente sensual que muestra gran parte de la forma de tu cuerpo, dejando poco o nada a la imaginación. Esta forma de vestir no solo atrae a un hombre o a una mujer a gustarte, sino que también puede atraer a los espíritus de la misma manera. Es posible que debas hacer una limpieza de tu armario. Reza y deja que Dios te dirija a través del Espíritu Santo qué hacer con respecto a tu guardarropa.

9. También, hay algunos peinados que son también atractivos para los espíritus, el corte de formas y diseños en el cabello (similar a los tatuajes), las mujeres que toman peinados con apariencia de hombre y los hombres que se arreglan el cabello de manera femenina....

Las extensiones de cabello para ajustarse a los estándares del mundo de "la belleza":

a. En la India, uno de los principales países que suministran cabello para extensiones, creen que la "mala energía de vidas pasadas está en el cabello", que se deriva de la creencia de los siguientes:

> "Para poder pagar su boda con la diosa Parvati, Vishnu hizo un trato con el tesorero de los dioses, Kubera, que exigía una tasa de interés muy alta. Kubera decidió durante varios miles de años que se pagaría la deuda. Generaciones a lo largo de los siglos han continuado pagando la deuda con dinero, joyas y, a menudo, lo único de valor que les queda, su cabello. "

El cabello afeitado de las cabezas de los miles que acuden a los templos hindúes está dedicado a sus dioses; también conocido como tonsura (*ton-suree*). Con el tiempo, el cabello queda en manos de compañías de todo el mundo que lo relacionan como extensiones de cabello, una vez comprado a "intermediarios."

En promedio, en un mes, estos "intermediarios" reciben alrededor de 5 toneladas de cabello a unos $200 a $300 USD (Dólar estadounidense), que es lo que pagan por kilo (aproximadamente 2 libras) de los administradores del templo, que supervisan la reunión de virutas de cabello. Las extensiones minoristas generalmente se venden en onzas, por lo que el costo de los "intermediarios" que venden a compañías que luego marcan el precio y lo venden a los clientes, es de aproximadamente $8.33 a $12.50 por onza. La demanda continúa aumentando año tras año en esta industria de mil millones de dólares. ¿Cuánto estás pagando por onza y no solo me refiero financieramente sino también espiritualmente?

10. Las joyas que se hacen con la forma de símbolos usados para adoraciones a otros dioses y otras que quizás no conozcas, ¡han sido ofrecidas a otros dioses! Reza por las cosas que compras y si no estás seguro, pregúntale a Dios si es aceptable para él. Él te dará paz o perturbará tu espíritu en respuesta.

Comprenda que muchas tiendas y dueños de negocios NO están sirviendo al mismo Dios que usted, el Altísimo. Han dedicado su negocio a otros dioses y todo lo que venden. Esto también se aplica a la comida que compras; recuerda SIEMPRE bendecir y santificar tu comida en el nombre de Jesús. Si te cubres diariamente con la Sangre de Jesús, estarás protegido de los convenios desconocidos que intentan establecerse contigo a través de las actividades de la vida diaria.

Demasiados pasan mucho tiempo preocupados haciendo que su apariencia externa sea más atractiva que su aspecto interior. A menudo llegan tarde a las citas porque tienen que estar "perfectos" antes de que todos los vean. Vea 1 Pedro 3 abajo:

1 Pedro 3: 1- 7 Reina Valera Actualizada (RVA-2015)

Sumisión a los esposos (para esposas y mujeres solteras aún no casados)

1. Asimismo ustedes, mujeres, estén sujetas a su marido para que, si algunos no obedecen a la palabra, también sean ganados sin una palabra por medio de la conducta de sus mujeres,

2. Al observar su manera de vivir reverente y casta.

3. Su adorno no sea el exterior, con arreglos ostentosos del cabello y adornos de oro ni en vestir ropa lujosa;

4. Sino que sea la persona interior del corazón en lo incorruptible de un espíritu tierno y tranquilo. Esto es de gran valor delante de Dios.

5. Porque así también se adornaban en tiempos antiguos aquellas santas mujeres que esperaban en Dios y estaban sujetas a su propio marido,

6. Así Sara obedeció a Abraham llamándolo señor. Y ustedes han venido a ser hijas de ella si hacen el bien y no tienen miedo de ninguna amenaza.

Algunos Indicadores de Sueño de los Cónyuges Espirituales que Actúan en Tu Vida

- Tienes retraso menstrual en un sueño

- Tener un embarazo prolongado (más de nueve meses)

- Desaparición del anillo de bodas

- La pérdida de un trabajo u objetos de valor no mucho después de casarse

- Cuando tu amoroso cónyuge físico se ha convertido repentinamente en tu enemigo

- Estar embarazada en un sueño

- Amamantar en un sueño y ver tus senos secretando leche

- Incapacidad de concebir

- Tener mal olor corporal en un sueño

- Sueños húmedos constantes

- Casarse en un sueño

- Incapacidad para mantener una vida santa en un sueño; volviendo a hacer lo que hacías antes de aceptar a Jesucristo como Señor y Salvador

- Siempre siendo abandonado por un compañero en una relación seria; uno con el que tenías planes de comprometerte o casarte en el futuro

- Sentirte cansado todas las mañanas al despertar; debido a las exigencias físicas que el cónyuge espiritual te hizo pasar cuando deberías haber estado experimentando un sueño tranquilo y reparador

CAPÍTULO CUATRO

La Importancia del Agua

Ser "salvo" - aceptar a Jesucristo, creer que murió por tus pecados no es suficiente, **debes nacer de nuevo** (tener la "mente renovada de Jesucristo").

Juan 3:1-21 Reina Valera Actualizada (RVA-2015)

El Nuevo Nacimiento

1. Y había un hombre de los fariseos que se llamaba Nicodemo, un gobernante de los judíos.

2. Este vino a Jesús de noche y le dijo: —Rabí, sabemos que has venido de Dios como maestro porque nadie puede hacer estas señales que tú haces a menos que Dios esté con él.

3. Respondió Jesús y le dijo:

—De cierto, de cierto te digo que, a menos que nazca de nuevo[a], uno no puede ver el reino de Dios.

4. Nicodemo le dijo:

—¿Cómo puede nacer un hombre si ya es viejo? ¿Puede acaso entrar por segunda vez en el vientre de su madre y nacer?

5. Respondió Jesús:

—De cierto, de cierto te digo que, a menos que nazca de agua y del Espíritu, uno no puede entrar en el reino de Dios.

6. Lo que ha nacido de la carne, carne es; y lo que ha nacido del Espíritu, espíritu es.

7. No te maravilles de que te dije: "Les es necesario nacer de nuevo[b]".

8. El viento sopla de donde quiere, y oyes su sonido pero no sabes ni de dónde viene ni a dónde va. Así es todo aquel que ha nacido del Espíritu.

9. Respondió Nicodemo y le dijo:

—¿Cómo puede suceder eso?

10. Respondió Jesús y le dijo:

—Tú eres el maestro de Israel, ¿y no sabes esto?

11. De cierto, de cierto te digo que hablamos de lo que sabemos; y testificamos de lo que hemos visto. Pero ustedes no reciben nuestro testimonio.

12. Si les hablé de cosas terrenales y no creen, ¿cómo creerán si les hablo de las celestiales?

13. Nadie ha subido al cielo sino el que descendió del cielo, el Hijo del Hombre[c].

14. Y como Moisés levantó la serpiente en el desierto[d], así es necesario que el Hijo del Hombre sea levantado

15. para que todo aquel que cree en él[c] tenga vida eterna.

16. "Porque de tal manera amó Dios al mundo, que ha dado a su Hijo unigénito para que todo aquel que en él cree no se pierda mas tenga vida eterna.

17. Porque Dios no envió a su Hijo al mundo para condenar al mundo sino para que el mundo sea salvo por él.

18. El que cree en él no es condenado; pero el que no cree ya ha sido condenado porque no ha creído en el nombre del unigénito Hijo de Dios.

19. Y esta es la condenación: que la luz ha venido al mundo, y los hombres amaron más las tinieblas que la luz porque sus obras eran malas.

20. Porque todo aquel que practica lo malo aborrece la luz y no viene a la luz para que sus obras no sean censuradas.

21. Pero el que hace la verdad viene a la luz para que sus obras sean manifiestas que son hechas en Dios.

Isaías 5:13 Reina Valera Actualizada (RVA-2015)

13. Por eso mi pueblo es llevado cautivo, por falta de entendimiento. Sus nobles están muertos de hambre, y su multitud reseca de sed.

Salmos 29:3 y 10 Reina Valera Actualizada (RVA-2015)

3. Voz del SEÑOR sobre las aguas: ¡Truena el Dios de gloria! ¡Es SEÑOR sobre las caudalosas aguas!

10. El SEÑOR se sentó ante el diluvio; el SEÑOR se sentó como rey para siempre.

Las escrituras anteriores muestran cómo la forma de pensar de una persona es vital para entender las cosas del mundo de los espíritus. Sin la mente renovada/cambiada de Jesucristo en nosotros, no tenemos ninguna oportunidad para comprender lo que está sucediendo a nuestro alrededor y a nosotros desde más allá de lo que podemos ser conscientes de usar nuestros sentidos físicos. Si usted no ha aceptado a Jesucristo como su Señor y Salvador hasta este período en su vida, la información disponible en este libro y de otras fuentes no resonará con su espíritu (tu verdadero ser). Hasta que lo hayas hecho, la revelación completa **no será tuya**.

Sin embargo, se te alienta a seguir leyendo, y es mi sincera oración que se abran tus ojos espirituales, y que aceptes a Jesucristo como tu Señor y Salvador. Entienda sin embargo que la salvación es un don y no algo dado basándose en cualquier cosa que hayas hecho.

Efesios 2:8-9 Reina Valera Actualizada (RVA-2015)

8. Porque por gracia son salvos[a] por medio de la fe; y esto no de ustedes pues es don de Dios.

9. No es por obras, para que nadie se gloríe.

Para recibir el don de la salvación, repita lo siguiente con un corazón sincero:

"Jesús es Señor, y creo que Dios lo resucitó de entre los muertos."

Referencia bíblica para la oración de salvación:

Romanos 10:9-10 Reina Valera Actualizada (RVA-2015)

9. Que si confiesas con tu boca que Jesús es el Señor y si crees en tu corazón que Dios lo levantó de entre los muertos, serás salvo.

10. Porque con el corazón se cree para justicia, y con la boca se hace confesión para salvación.

El Agua es Clave; El Agua es Vida

* Tanto los doctores como los científicos han confirmado que hasta el 60% del peso del cuerpo humano consiste en agua.

* 72% de la superficie de la tierra se compone de agua

* El hombre necesita agua para todo. Puede sobrevivir sin comida hasta por tres semanas. Sin embargo, no puede ir tanto tiempo sin beber agua.

* El hombre utiliza el agua para beber, bañarse, limpiar, cocinar, cultivar y tratamientos médicos.

* El agua existe en forma de lluvia, arroyos, lagos, ríos y océanos.

La Biblia también dice que el cimiento de toda la tierra está sobre las aguas, (Salmo 24:2).

Salmos 24:2 Reina Valera Actualizada (RVA-2015)

2. Porque él la fundó sobre los mares y la afirmó sobre los ríos.

Así que, si el agua es tan vital y significativa en la vida de la humanidad, no es de extrañar que Satanás lo use como un medio para ganar su adoración y enviar sus ataques. Su intención justo antes de su caída del cielo (conocido como Lucifer en ese entonces) era levantar su trono sobre el del Altísimo. Después de su caída, sabiendo cuál será su destino al final, se propuso destruir lo que Dios considera preciado; ¡nosotros!

Isaías 14:12-13 Reina Valera Actualizada (RVA-2015)
La Caída de Lucifer

12. ¡Cómo has caído del cielo, oh lucero, hijo de la mañana! Has sido derribado al suelo, tú que debilitabas a las naciones.
13. Tú has dicho en tu corazón: 'Subiré al cielo en lo alto; hasta las estrellas de Dios levantaré mi trono y me sentaré

en el monte de la asamblea, en las regiones más distantes del norte.

Apocalipsis 20:10 Reina Valera Actualizada (RVA-2015)

El destino de Satanás, el Diablo (Lucifer)

10. Y el diablo que los engañaba fue lanzado al lago de fuego y azufre, donde también están la bestia y el falso profeta, y serán atormentados día y noche por los siglos de los siglos.

CAPÍTULO CINCO

¿Qué es un Espíritu Marino?

Todo lo que obtienes es de Satanás, no de Dios cuando te comprometes/pactas con uno, es decir, tus dones (físicos y espirituales), los trabajos, el éxito aparente. Todos están diseñados para darte un fin destructivo.

Lilith busca encontrar reposo en un cuerpo físico. La evidencia física de la presencia de un espíritu marino es la colocación de la serpiente en su cuerpo. Cuando las oraciones de liberación son recitadas, el que está orando por la auto-liberación o por el que se está orando por la liberación, generalmente experimentará el dolor de las serpientes exprimiendo en la parte del cuerpo en que se enrolla. Por ejemplo, la pierna, la cintura, el brazo, la parte posterior, el cuello. Muchos también han experimentado tal dolor mientras buscan el conocimiento y la sabiduría piadosa que incluso los conduciría a tener que elegir entre permanecer espiritualmente atado o ser liberados. El dolor es porque el espíritu de la serpiente no quiere dejar el cuerpo y usa el dolor como una distracción de enfocarse en la palabra de Dios. Es importante que usted entienda que la serpiente siempre ha sido sutil, un rasgo usado a lo largo de la historia y aún hoy cuando las cosas opuestas a la voluntad de Dios se manifiestan en el mundo físico.

Génesis 3:1 Reina Valera Actualizada (RVA-2015)
La tentación y la caída del hombre.

3. Entonces la serpiente, que era el más astuto de todos los animales del campo que el SEÑOR Dios había hecho.

El yoga (todas las formas) ha explotado en el mundo como una forma de ejercicio, relajación; medios alternativos para ayudarte a enfocarte. Esta práctica sutil y engañosa ha hecho que millones sean esclavos del espíritu de la serpiente. Lamentablemente, muchos cristianos e iglesias han permitido que el yoga entre en su medio y, sin duda, no han estudiado la historia completa de esta práctica.

La palabra de Dios dice que debemos pensar en las cosas buenas y no vaciar nuestras mentes para permitir todo tipo de apoderamientos espirituales. En esencia, el poder del yoga proviene del **Kundalini** (sánscrito para la "serpiente enrollada"), una enorme reserva de potencial sin explotar dentro de cada uno de nosotros, activado alrededor del sacro o "hueso sagrado" en la base de la espina dorsal.

Filipenses 4:8 Reina Valera Actualizada (RVA-2015)

8. En cuanto a lo demás, hermanos, todo lo que es verdadero, todo lo honorable, todo lo justo, todo lo puro, todo lo amable, todo lo que es de buen nombre, si hay virtud alguna, si hay algo que merece alabanza, en esto piensen.

El Yoga Kundalini es una **tecnología** antigua a veces se conoce como la madre de todo el yoga y, sin duda, el yoga más poderoso que hay. Traído al occidente en 1969 por Yogi Bhajan, produce resultados hasta 16 veces más rápido que el Yoga Hatha. Mi próximo libro cubrirá este tema en un detalle más completo, explicando sus orígenes y la forma en que va completamente en contra de la Palabra de Dios, el Altsímo.

"La tecnología puede ser vista como una actividad que forma o cambia la cultura." (1a)

Isaías 34:14 - 17 Reina Valera Actualizada (RVA-2015)

14. Las fieras del desierto se encontrarán con las hienas. La cabra montés gritará a su compañero. La lechuza también hallará allí sosiego, y hallará reposo para sí.

15. Allí anidará y ovará el búho; empollará y los cubrirá bajo su sombra. También se reunirán allí los buitres, cada cual con su pareja.

16. Busquen en el libro del SEÑOR y lean: "Ninguno de estos faltará; no faltará ninguno con su respectiva pareja. Porque la boca del SEÑOR lo ha mandado, y su mismo Espíritu los reunirá.

17. Él realizó el sorteo para ellos, y su mano les repartió a cordel. Para siempre la tendrán como heredad, y habitarán allí de generación en generación".

La escritura antedicha, Isaías 34:14-17, es la profecía que Isaías habló a todas las Naciones con respecto al Juicio contra los que se oponían a Dios. Observa cómo se repite la palabra " **no faltará** ", lo que significa que lo que se habla **sucederá**.

Así que, en esencia todos los huevos de Lilith (su descendencia) encontrarán un compañero (cónyuge). Esto ayudaría a explicar la infestación espiritual (embarazos demoníacos) sobre la tierra, independientemente del lugar donde vivas, ya que este juicio fue de nuevo a todas las Naciones opuestas. Esto se puede ver claramente (si uno sólo prestara atención), en varios países y empresas de todo el mundo.

Mami Wata (Madre Agua)

Mami Wata (Madre Agua) se celebra a lo largo de gran parte de África y el área atlántica Áfricana. La poderosa y penetrante presencia de Mami Wata resulta de una serie de factores. Se creía y todavía se cree que ella puede traer la buena fortuna en la forma de dinero, y como "capitalista", su poder fue aumentado entre los siglos XV y XX, durante la era del comercio creciente de África con el resto del mundo.

Fue a través de los incontables millones de africanos esclavizados que fueron desgarrados de su tierra natal y llevados por la fuerza a través del Atlántico entre los siglos XVI y XIX como parte de este "comercio" trajeron consigo sus creencias, prácticas y artes honrando a Mami Wata y otras deidades ancestrales.

Reestablecido, revisualizado y revitalizado por las innumerables personas desplazadas de su tierra natal, Mami Wata surgió en nuevas comunidades y bajo diferentes formas, entre ellas:

• Lasirèn (en Haiti)

• Yemanja (en Brazil)

• Santa Marta la Dominadora (República Dominicana)

- Sanse (Puerto Rico)

- Oxum (América Latina) también conocida como Oshun (como quien Beyonce vestia durante el embarazo con sus gemelos y muchas mujeres embarazadas han empezado a hacer lo mismo).

Las religiones de origen africano continúan floreciendo en las comunidades en todo el mundo, muchas de ellas introducidas a través del "entretenimiento" para una "infiltración" más fácil de un mundo sin conocimientos ni estudios.

Los poderes de Mami Wata, se extienden mucho más allá del beneficio económico. Ella es servida por los seguidores para ayudar en el área de la procreación — infertilidad, impotencia, o mortalidad infantil. Algunos son atraídos a ella como una irresistible presencia seductora que ofrece los placeres y poderes que acompañan la devoción a una fuerza espiritual.

Sin embargo, ella representa el peligro, para una relación/pacto con Mami Wata a menudo requiere un sacrificio sustancial, como la vida de un miembro de la familia o el celibato en el reino físico (como cualquier y todo el sexo será a través de los cónyuges espirituales). Si el celibato no es parte del Pacto, Se cree que Mami Wata puede ayudar a hombres y mujeres a organizar sus deseos sexuales y preferencias para convertirse en una realidad (de nuevo el sexo se utiliza para formar un fuerte pacto). Mami Wata también es conocida por proporcionar una vía espiritual y una profesional para que las mujeres se conviertan en sacerdotisas poderosas y sanadoras de enfermedades psico-espirituales y físicas. Ella puede también afirmar el estatus de las hembras en sociedades generalmente dominadas por hombres.

Esto se puede ver en lugares donde a las mujeres apenas se les enseña a respetar a sus maridos, incluso como mujeres solteras en la escena de citas. En lugar de ello, a menudo alimentan la mentalidad de ser iguales en autoridad a los hombres y, en algunos casos, ni siquiera necesitan a un hombre, siempre y cuando "obtengan lo suyo". Esto va en contra del orden por el cual Dios creó a hombres y mujeres.

Génesis 2:18, 21 – 24 Reina Valera Actualizada (RVA-2015)

18. Dijo además el SEÑOR Dios: "No es bueno que el hombre esté solo; le haré una ayuda idónea".

21. Entonces el SEÑOR Dios hizo que sobre el hombre cayera un sueño profundo; y mientras dormía, tomó una de sus costillas y cerró la carne en su lugar.

22. Y de la costilla que el SEÑOR Dios tomó del hombre, hizo una mujer y la trajo al hombre.

23. Entonces dijo el hombre: "Ahora, esta es hueso de mis huesos y carne de mi carne. Esta será llamada 'mujer'[a], porque fue tomada del hombre".

24. Por tanto, el hombre dejará a su padre y a su madre, y se unirá a su mujer, y serán una sola carne.

Lamentablemente, a medida que estas mujeres envejecen, descubren lo emocionalmente destructivo que se ha vuelto esta mentalidad en sus vidas. Las mujeres son el equilibrio emocional a la relación. Sin el hombre designado por Dios en su vida, ella eventualmente trabajará hasta la muerte o practicará lo que sea que ella puede encontrar en un intento de llenar el vacío y temporalmente dejar de ser abrumada por sus emociones. Los hombres son el equilibrio racional para las mujeres. La otra cara de esto también es evidente en muchos de los hombres de la sociedad. Buscan alcanzar el éxito en todas las áreas excepto la de la familia, tratando de llenar el vacío emocional que sólo la mujer designada por Dios puede llenar en su vida.

Los constantes cambios socioeconómicos, y las presiones de intentar sobrevivir en muchas partes del mundo, han incrementado la necesidad de los poderes curativos de las sacerdotisas y sacerdotes de Mami Wata. Incluso sin el entendimiento general de lo que está sucediendo, quienes son las sacerdotisas y sacerdotes "encubiertos", las masas de gente están obedeciendo sus direcciones sutiles. Por ejemplo, las cosas que ves en la televisión, los sitios web de los medios sociales, que se escucha en la música que suena en lugares públicos, en la radio, en los coches que pasan por las calles.

A Una mejor comprensión de la sutileza sería cómo los adoradores de Mami Wata han seleccionado las imágenes locales, así como globales, las artes, las ideas y las acciones, las interpretaron de acuerdo con los preceptos indígenas, los presentaron con nuevos significados, y luego **"los volvieron a presentar"** de maneras diferentes y atractivas para servir a sus propias aspiraciones estéticas, devocionales, sociales, económicas y políticas específicas.

Mami Wata es a menudo retratada con la cabeza y el torso de una mujer y la cola de un pez (Doña Pescado). Mitad pez y mitad humano, Mami Wata superpone tierra y agua; cultura y naturaleza.

Ella también puede tomar la forma de un encantador de serpientes, algunas veces en combinación con sus

atributos de sirena y, a veces sepa-
rado de ellos. Por más difícil que
sea para algunos entender el con-
cepto de este espíritu de agua
desafiante en su "singular" manifestación, la existencia de Mami
Watas y Papi Watas (tritones)
también debe ser reconocido.

Estos espíritus se incluyen
en una vasta e incontable "escuela"
de espíritus de agua indígenas africanos (tanto femeninos como mas-
culinos); cada uno con nombres locales específicos y personalidades individuales. Estos otros espíritus son honrados en intrincados sistemas de creencias y prácticas que
pueden o no ser los mismos que se atribuyen al espíritu del
agua, Mami Wata.

Origen mítico de Mami Wata

El Panteón místico de las deidades de Mami Wata
se ilustra a menudo en sus aspectos primordiales más anti-

guos como sirena, mitad humana o mitad pez o mitad rep-

til. Las sirenas no son fenóme-
nos recientes en la histo-ria
africana. Por ejemplo, según el
mito de la creación de las tribus
Dogon, atribuyen la creación
del mundo a sirenas/tritones
como criaturas a las que llaman
Nommos. Afirmaron haber sa-
bido acerca de la existencia de
estas divinidades parecidas a
las sirenas por más de 4.000
años.

Nommos significa "hacer una bebida." son usual-
mente representadas como criaturas anfibias, hermafrodi-
tas, como peces. Las representaciones de arte popular de
los Nommos muestran criaturas con torsos humanoides,
piernas/pies, y un tronco y cola parecidos a los peces. Los
Nommos también se conocen como "Maestros del Agua",
"los Monitores", y "los Maestros".

También según la mitología Dogon, la antigua casa
de estos (originariamente crudos) reptiles (mitad mu-
jer/mitad hombres/peces) Panteón de espíritus de agua se

cree que es el oscuro y celebrado sistema estelar en el cinturón de Orión conocido como Sirius (o Sopdet, Sothis), más popularmente conocida como la "Estrella del Perro" de Isis. Cuando se les preguntó donde sus antepasados obtuvieron estas historias de sirenas y tritones, rápidamente apuntan al antiguo Egipto (Griaule, 1997, Winters 1985, p. 50-64, Temple 1999, p. 303-304). Sirenas/tritones "ninfas " adoradas como diosas y dioses nacidos del mar son numerosos en la historia de las culturas antiguas africanas y la mitología espiritual.

Entonces, ¿por qué los que se han comprometido a fraternidades y hermandades dicen que sólo sirven a Dios, el Altísimo cuando han tomado juramentos a estos (y otros) "dioses griegos" como parte de su inanición? Si las acciones y promesas hechas no han sido renunciadas, los espíritus malignos con los cuales usted entró en alianza todavía tienen un derecho legal sobre su vida, sin importar si usted afirma ser un cristiano o no. Los convenios deben romperse para ser libre.

La mayoría de los Nommos fueron honrados y respetados por ser "traedores de la ley divina " y por establecer la base teológica, moral, social, política, económica y cultural, para regular el desbordamiento del Nilo, y regular la ecología, es decir, establecer días para el éxito en la vela y la pesca, la caza, la siembra, etc, y para el castigo por el envío de inundaciones devastadoras cuando las leyes y los tabúes fueron violados.

Sin embargo, al igual que no todas las serpientes fueron veneradas, no todas las sirenas/tritones se consideraron "buenos. " En una historia, el famoso naturalistas Henry Lee de Londres, (1883) relata que "en el mar de Angola las sirenas son capturadas con frecuencia que se asemejan a la especie humana. Son tomados en redes, y asesinadas... y se oyen gritar y llorar como mujeres (p. 22)."

Orígenes antiguos del nombre "Mami Wata"

El nombre "Mami Wata," fue creído por los eruditos occidentales de ser un derivado o directamente de un mal inglés, o es una versión anglicanizada de las dos palabras "mamá /Mami" y "agua." Sin embargo, aunque fonéticamente similar a las palabras inglesas, el nombre "Mami Wata" no tiene sus raíces lingüísticas ni ningún origen cultural, mitológico o histórico en el Occidente. Mami Wata son antiguas deidades africanas cuyos orígenes y nombre raíz pueden ser trazadas lingüísticamente a través de las lenguas de África.

Según algunos eruditos renombrados, el nombre "Mami Wata" fue formulado originalmente en el antiguo Egipto y Mesopotamia, y se deriva de un compuesto de dos palabras africanas, "Mami," y "Wata." Ambas palabras están arraigadas en las lenguas Egipcias y Etíopes antiguas (Coptos), Galla y degradadas. "Mami" se deriva de "Ma" o "mama", que significa "verdad/sabiduría", y "Wata" es una corrupción no de un Inglés, pero de la antigua palabra Egipcia "Uati" (o "Uat-ur" que significa agua del océano), y el Khosian ("Hotentote") "Ouata" que significa "agua."

Además, descubrimos de los mitos de Mesopotamia que la primera gran diosa del agua en la historia de la Inundación de la Creación era conocida como "Mami," (mami Aruru) como era conocida en las oraciones antiguas de Babilonia como creadora de la vida humana (Dalley 2000, p. 51-16, Stone 1976, p. 7.219). Curiosamente, la ciudad-estado Sumeria de Ur era una parte de Mesopotamia, un área donde un gran número de dioses y diosas fueron adorados. De aquí era Abram (Abraham) y donde Dios le dijo que se mudara y fuera a un lugar que él le mostraría a Abram.

Un antiguo espíritu de agua femenina a veces refe-
rida como Tingoi/Njaloi personifica belleza, poder y bon-
dad ideal pero inalcanzable. Preside los ritos de iniciación
femenina entre varios pueblos de Sierra Leona y Liberia,
incluyendo Mende, Temne, Bullom, Vai, Gola, Dei, Krim,
Kissi y Bassa (Lamp 1985, Boone 1986, Phillips 1995:37).
Tingoi/Njaloi a menudo se asemeja a una sirena (Phillips
1995:53 – 4), y la gente Mende musulmán habla de ella
como un jina femenino, o espíritu, con el cuerpo inferior
de un pescado. Los tocados de iniciación Sowei/Nowo de
esta región ofrecen alusiones profundas y complejas a Tin-
goi/Njaloi, así como a las prácticas sociales y las fuerzas
cósmicas.

Estos tocados son usados por las mujeres mayores
durante las iniciaciones de las jovencitas. Un adorno en
zigzag que se encuentra en la frente de algunos de estos tocados puede ser un glifo para el agua, y se dice que las jó-
venes Sande/Bondo "van debajo del agua" durante la primera parte de su iniciación (Boone 1986:50, 170). Entre
los Temne, como señala Frederick Lamp, "el agua es el

fluido gestante del renacimiento, llamado, en la esotérica lengua de iniciación, yankoila, ' Madre Agua '" (1985:42).

HONORING THE SEA
Santa Monica Beach, 10/1/11

(HONRANDO EL MAR - Playa de Santa Monica 10/1/11)

Foto: ofrenda a Yemanjá, la deidad afro-brasileña del mar, en la playa **de Santa Mónica, (California, USA)** liderada por la tribu Swing Brasil y los ancianos de Bahia, Brasil.

Parte de Honrando el mar, la ceremonia de inauguración del 2011 Festival Mundial de música sacra **en Los Ángeles**.

En Brasil, las ofrendas a Yemanjá se llevan a cabo cada año el 2 de Febrero en Salvador, Bahia. En Río de Janeiro, las ofrendas a Yemanjá son un ritual de Año Nuevo altamente celebrado.

En YouTube:

https://www.youtube.com/watch?time_continue=12&v=Q_hxBAHf7Qc

Función Principal

En un nivel básico, en la familia, el papel primordial de Mami Wata en la vida del devoto/iniciado es "la curación," ayudando al iniciado a alcanzar la totalidad espiritual y materialmente en sus vidas. Mami Wata es también responsable de la protección, emocional, y la curación mental, el crecimiento espiritual/equilibrio, y manteniendo el orden social asegurando que las leyes sagradas impuestas tanto en el iniciado y la familia en la que vive se mantenga → pacto!

Cuando se cumplen estos requisitos, Mami Wata a menudo bendice al iniciado (y a la familia) con riqueza material. "Riqueza " es relativo a asegurar que la familia tenga las necesidades básicas de supervivencia, tales como refugio, alimentos, ropa, medicinas y fondos para mantenerlos. O, la riqueza podría significar alcanzar grandes riquezas a través de alguna profesión o dones espirituales que el iniciado podría poseer.

Lejos de ser la exagerada, "seductora" o "dios/a del amor" tan exagerado por antropologos del occidente, Mami Wata es principalmente conocida por producir los grandes videntes de África, profetisas, profetas, escribas, herbalists, curanderos, oradores, místicos, etc. También se les conoce como el protector de las madres y los niños, y de las mujeres maltratadas, y el "traedor de la fertilidad" tanto a los hombres como a las mujeres estériles. Incluso son conocidos en la historia antigua como el "protector de las prostitutas sagradas", es decir, las sacerdotisas africanas cuyo papel era unirse a los "invasores no civilizados/grupos extranjeros" por "difundir el dolor" (tener deseo sexual por) del dios y diosas africanos.

Así como la gente de África se extendió al mundo a través del comercio de esclavos, también lo hicieron las maldiciones de estos adorados dioses y diosas.

Sirena que se encuentra en Beaufort, SC que fue parte de un proyecto de arte 2006, "Gran Natación de Beaufort". Se titula Mami Wata.

Mami Wata Iconos en el Siglo XX

Entre los siglos XV y XIX, la inmensa mayoría de los visitantes de ultramar que los africanos se encontraron eran europeos o americanos. Sin embargo, a comienzos del siglo XX, cuando los europeos establecieron una presencia colonial en África, empezaron a llegar otros pueblos de zonas de influencia europea, como el Líbano y la colonia británica de la India. Vinieron como comerciantes y, como los europeos antes que ellos, fueron asociados por los africanos con la abundancia del extranjero.

En los años 30 y 40 (posiblemente inspirado en parte por la campaña acertada de Mahatma Gandhi para la independencia de la India y por los soldados africanos que servían en Asia del Sur durante la Segunda Guerra Mundial), la cultura material de la India en la forma de imágenes en libros, panfletos, películas, y cromolitografías devocionales populares (Bae 2003), así como las prácticas rituales de los comerciantes Indios en África, llegaron a tener un profundo impacto en los adoradores de Mami Wata, sus iconos, y sus acciones rituales.

Un nuevo episodio en el desarrollo de la cultura visual de Mami Wata comenzó en los años 1940 – 1950. El renombre de la litografía del encantador de la serpiente y la presencia de comerciantes indios (y películas) en el

Oeste de África había conducido a una fascinación creciente con las impresiones indias de dioses y de diosas hindúes. En varios lugares, especialmente a lo largo de la costa de Ghana-Nigeria, la gente comenzó a interpretar a estas deidades como representaciones de un ejército de los espíritus de Mami Wata asociados a cuerpos y a niveles específicos del agua.

José Kossivi Ahiator (b. 1956, Aflao, Ghana). "Rey indio de Mami Wata, " 2005 pigmento, paño; 267cm (105") Museo Fowler X2005.5.1; La Compra del Museo del artista Ghánes José Kossivi Ahiator, inspirado por una impresión hindú de Vishnu, creó esta pintura compleja de un ejército de los espíritus de Mami Wata que él llama "Espíritus de la India."

Kossivi nació con los espíritus de la India y visita la India a menudo, a veces en sus sueños, a veces, mientras se encontraba en la playa a lo largo de la costa de Ghana. En 2005 Kossivi tenía sueños vívidos de un espíritu de rey indio de diecinueve cabezas, junto con su reina de nueve cabezas. Él soñó que él estaba nadando con ellos en el océano y después llamó al varón "Rey de Mami Wata" y su reina "NaKrishna".

Él ha reunido estos espíritus bajo la antigua Deidad africana la celestial serpiente arco iris Dan Aida Wedo, por lo tanto, la forja de vínculos entre África, la India, el mar, y en última instancia, el Atlántico Africano, donde Dambala WeDo sigue siendo venerado por los haitianos y otros.

Algunos países/empresas que llevan la marca de estos espíritus. Esta es la razón por la cual es importante orar diariamente antes de que comenzar con sus actividades diarias.

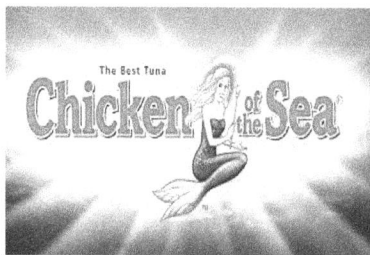

"Pollo del Mar"
anteriormente propiedad de Los Estados Unidos, ahora es propiedad de un grupo de Tailandia

"Mami Wata"
compañía de trajes de baño
Washington, DC

"Buceo Sirena" Reino Unido
empresa de buceo

"Starbucks"
Seattle, Washington
Empresa de café

Recuerde siempre pedirle a Dios en el nombre de Jesús santificar/bendecir su comida y bebidas. También, el de toda la mercancía que compres ya sea para ti o como regalo a otros.

CAPÍTULO SEIS

¿Cómo Entran Los Espíritus Marinos a una Persona?

Salmos 27:10 Reina Valera Actualizada (RVA-2015)

10. Aunque mi padre y mi madre me dejen,
con todo, el SEÑOR me recogerá.

Una manera común es por el rechazo, que es lo **opuesto** a la palabra de Dios. Por este motivo una persona desarrolla lo siguiente:

- Miedo al rechazo, auto-rechazo, miedo al juicio, nerviosismo
- Auto-acusación, confesiones compulsivas, auto-compasión
- Celos y envidia
- Lujuria, lujuria fantasiosa, prostitución, perversidad
- Inseguridad, complejo de inferioridad
- Falsa compasión, falsa responsabilidad
- Depresión, desesperación, desaliento, desesperanza
- Pensamientos suicidas (suicidio)
- Culpabilidad, indignidad y vergüenza

- Orgullo, perfección (perfeccionista)

- Injusticia

- Abstinencia, pucheros, temerosidad, timidez, soledad, sensibilidad

- Irrealidad, ensueños de fantasía, imaginación viva

- Auto-consciencia

Si alguno de los listados se aplica a usted, asegúrese de mencionarlos cuando decida realizar la autoliberación o haga que un fuerte creyente en Jesucristo ore sobre usted por su liberación.

CAPÍTULO SIETE

Los Atributos de un Espíritu Marino

1 Corintios 6:15-17 Reina Valera Actualizada (RVA-2015)

15. ¿No saben que sus cuerpos son miembros de Cristo? ¿Quitaré, pues, los miembros de Cristo para hacerlos miembros de una prostituta? ¡De ninguna manera!

16. ¿O no saben que el que se une con una prostituta es hecho con ella un solo cuerpo? Porque dice: Los dos serán una sola carne[a].

17. Pero el que se une con el Señor, un solo espíritu es.

Al comprender con quién estás unido espiritualmente, tienes la primera arma importante en hacer el cambio o fortalecer a tu hombre espiritual.

Algunos indicios de que un espíritu marino está obrando son:

- Ruptura de matrimonios
- Cónyuges que se odian entre sí (o sólo uno mostrando signos de odio para su cónyuge)
- Abortos espontáneos
- Impotencia (bajo conteo de espermatozoides)

- Dificultades (simplemente no puedes salir adelante en la vida sin importar lo duro que trabajes)

- Fracasos financieros (usted gana dinero, pero no puede mantenerlo por mucho tiempo)

- La angustia del matrimonio (constantes alborotos y luchas, no parecen estar de acuerdo)

- Sexo en sueños (si es tu cónyuge NO SON ELLOS sino un espíritu familiar disfrazado de ellos)

- Decisiones erróneas (que te evitan alcanzar la sabiduría de Dios)

- Negligencia (harán que no quieras estudiar la Palabra de Dios)

- Nadar o ver aguas y ríos en tus sueños

- Falta de ciclos menstruales en tus sueños

- En lo natural usted tiene ciclos menstruales acortados o prolongados

- Lactancia materna en tus sueños

- Tener una familia en tus sueños

- Estás de compras con hombres o mujeres en un sueño

- Sueños relacionados con el matrimonio

- Estar embarazada en tu sueño

- Tienes un bebé en un sueño

- Ver a un hombre durmiendo a tu lado

- Te dejan en el altar o en lugares públicos

Con respecto a "descuidar" el estudio de la Palabra de Dios, el espíritu marino no quiere que sepas que esto es un arma vital contra ellos...

Job 7:12 Reina Valera Actualizada (RVA-2015)

12. ¿Acaso soy yo el mar o el monstruo marino[a] para que me pongas bajo guardia?

A Satanás le encanta etiquetar al equipo con los espíritus del miedo y la inmoralidad sexual. La experiencia en sueños se refiere a menudo como "terrores de la noche, terrores del sueño, parálisis del sueño, visitante de la noche o siendo atormentado"; sintiéndose despierto pero incapaz de moverse.

Hay personas que experimentan la conciencia de que algo o alguien está cerca o junto a ellos mientras están despiertos.

Luego están aquellos que tienen experiencias sintiendo que algo se mueve en su cama y extrañas voces y sonidos cuando están al borde del sueño o en él.

Sin embargo, las promesas de Dios se cumplirán en lo que se refiere a todo mal:

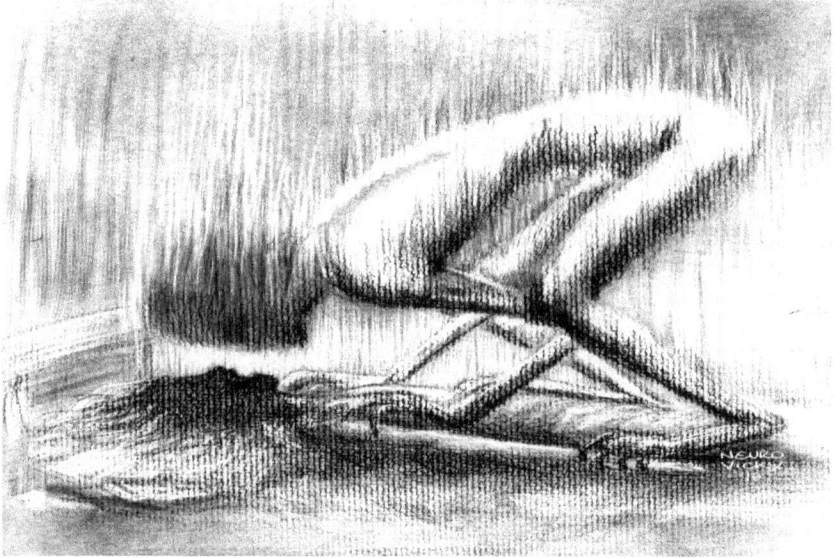

Zacarías 9:3-5 Reina Valera Actualizada (RVA-2015)

3. Tiro se edificó una fortaleza y acumuló plata como el polvo, y oro como el lodo de las calles.

4. Pero he aquí que el Señor se apoderará de ella y destruirá en el mar su poderío, y ella será consumida con fuego.

5. "Ascalón lo verá y temerá. Gaza también temblará en gran manera; lo mismo Ecrón, porque su esperanza ha sido avergonzada. Dejará de haber rey en Gaza y Ascalón no será habitada.

Tyrus (un espíritu de agua) Ascalón (una ciudad en Israel) - así que aquellos que están abrazando los espíritus malignos también serán destruidos

¡LA ORACIÓN es MUCHO MÁS

que una o dos oraciones rápidas en la mañana, en la noche, en las comidas, cuando necesitamos avances o milagros! Es un **LIFESTYLE** de CONSTANTE COMPAÑERISMO con **EL PADRE** a travez del **HIJO, JESUS** por EL **ESPIRITU SANTO.**

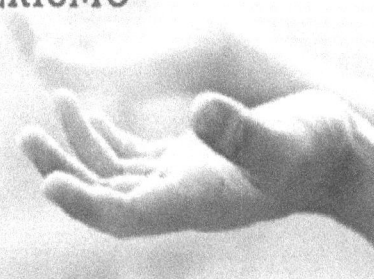

Así que si amas a tu cónyuge como a ti mismo – no estarás abierto a que los cónyuges espirituales obtengan un acceso fácil a ti. **Nota:** el marido es el que representa la autoridad física en la familia.

Efesios 5:25, 28 Reina Valera Actualizada (RVA-2015)

25. Esposos, amen a sus esposas así como también Cristo amó a la iglesia y se entregó a sí mismo por ella,

28. De igual manera, los esposos deben amar a sus esposas como a sus propios cuerpos. El que ama a su esposa, a sí mismo se ama.

Efesios 5:32-33 Reina Valera Actualizada (RVA-2015)

32. Grande es este misterio, pero lo digo respecto de Cristo y de la iglesia.

33. Por tanto, cada uno de ustedes ame a su esposa como a sí mismo, y la esposa respete a su esposo.

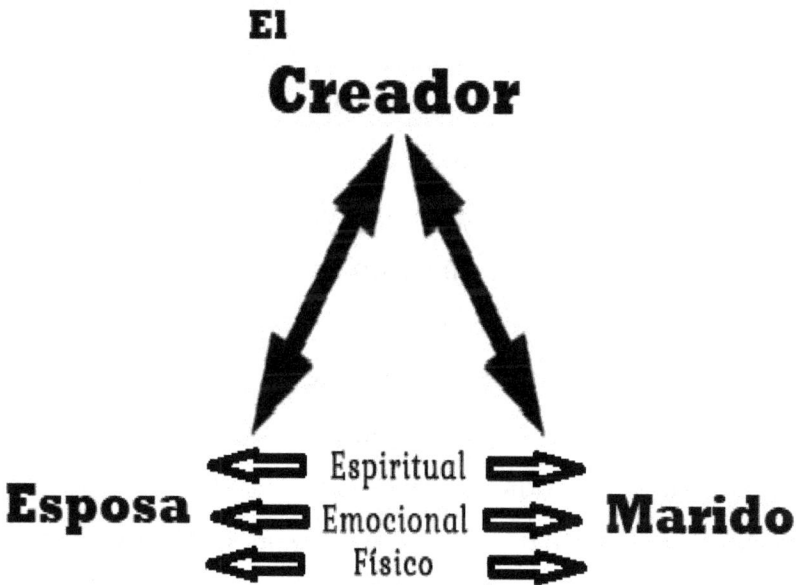

El
Creador

	Espiritual	
Esposa	Emocional	Marido
	Físico	

Dios conoce todas las intenciones del hombre, de sus pensamientos, sentimientos y motivos. Dios conoce tu corazón. Nada está oculto de sus ojos Santos.

Salmos 139:1-7 Reina Valera Actualizada (RVA-2015)

Dios lo Sabe Todo

1. Al músico principal. Salmo de David.Oh SEÑOR, tú me has examinado y conocido.

2. Tú conoces cuando me siento y cuando me levanto; desde lejos entiendes mi pensamiento.

3. Mi caminar y mi acostarme has considerado; todos mis caminos te son conocidos.

4. Pues aún no está la palabra en mi lengua, y tú, oh SEÑOR, ya la sabes toda.

5. Detrás y delante me rodeas, y sobre mí pones tu mano.

6. Tal conocimiento me es maravilloso; tan alto que no lo puedo alcanzar.

7. ¿A dónde me iré de tu Espíritu? ¿A dónde huiré de tu presencia?

CAPÍTULO OCHO

Ayuda Para Sueño Demoníaco

Esto es cuando estás físicamente cansado y decides posponer la represión a los ataques demoníacos. Por ejemplo, es muy temprano en la mañana, digamos a las 3:00 a.m. y te despiertes, decidiendo lidiar con los convenios hechos en tu sueño cuando te despiertes algún tiempo después. Entienda que, aunque usted este durmiendo por varias horas al día, el Mundo Espiritual nunca duerme.

No caigas en este truco. Retrasar la ruptura de los convenios es extremadamente peligroso porque los espíritus cuentan con que no actúes de inmediato (demostrando un acuerdo) para que puedan hacer que sus planes se manifiesten en lo físico. Recuerda que no todo es sobre ti; hay otros cuyos destinos están en juego.

El subconsciente humano es bastante extraordinario. Muchos se cansan por una razón u otra y aceptan con gusto cualquier calidad del sueño que consiguen. ¡Esto es peligroso! Los espíritus saben y entienden esto y esperan hasta que los humanos caigan en el sueño paradójico. Una vez que estás allí, empiezan sus ataques, ya que es el sueño más profundo y el subconsciente humano está muy abierto para la manipulación. La otra cara es que Dios también se comunica y hace los convenios con los seres humanos mientras duermen. Sin embargo, ¡no es necesario que el Altísimo espere a que los humanos alcancen el sueño paradójico para dar revelación!

Definición de Sueño paradójico – Fase de sueño de rápido movimiento ocular (**Sueño REM**, REMS) es una fase única de sueño en mamíferos y aves, caracterizado por el movimiento aleatorio/rápido de los ojos, Acompañado de bajo tono muscular en todo el cuerpo, y la propensión del durmiente a soñar vívidamente.

Así que, para reiterar la importancia arriba indicada de reprender, viniendo contra cualquier pacto malvado hecho en sus sueños:

• **ARREPIÉNTETE** porque hay un derecho LEGAL para que el espíritu esté allí.

• **¡REPRENDE inmediatamente cualquier actividad demoníaca que acaba de suceder en tu sueño(s)!** Ven en contra del pacto recién hecho, incluso si no puedes recordarlo.

• **EXPULSA AL ESPÍRITU** en el nombre de Jesús, suplica la sangre de Jesús sobre ti y reza para vestir toda la Armadura de Dios para que puedas volver a dormir.

NOTA: *siempre debes orar para vestir toda la Armadura de Dios antes de dormir (esto incluye siestas).*

- **DESPUÉS** entra en acuerdo con Dios por cualquier pacto en nuestros sueños (incluso si no los recuerdas) para que Su voluntad perfecta se active en tu vida.

Mateo 26:41 Reina Valera Actualizada (RVA-2015)

41. Velen y oren, para que no entren en tentación. El espíritu, a la verdad, está dispuesto; pero la carne es débil.

1 Corintios 3:16-17 Reina Valera Actualizada (RVA-2015)

16. ¿No saben que son templo de Dios, y que el Espíritu de Dios mora en ustedes?
17. Si alguien destruye el templo de Dios, Dios lo destruirá a él; porque santo es el templo de Dios, el cual son ustedes.

Efesios 6:10-18 Reina Valera Actualizada (RVA-2015)

La Armadura de Dios

10. Por lo demás[a], fortalézcanse en el Señor y en el poder de su fuerza.

11. Vístanse de toda la armadura de Dios, para que puedan hacer frente a las intrigas del diablo;

12. porque nuestra lucha no es contra sangre ni carne, sino contra principados, contra autoridades, contra los gobernantes de estas tinieblas, contra espíritus de maldad en los lugares celestiales.

13. Por esta causa, tomen toda la armadura de Dios para que puedan resistir en el día malo y, después de haberlo logrado todo, quedar firmes.

14. Permanezcan, pues, firmes, ceñidos con **el cinturón de la verdad,** vestidos con **la coraza de justicia,**

15. y calzados sus **pies** con la preparación para proclamar el **evangelio de paz.**

16. Y sobre todo, ármense con **el escudo de la fe** con que podrán apagar todos los dardos de fuego del maligno.

17. Tomen también **el casco de la salvación y la espada del Espíritu,** que es la palabra de Dios,

18. orando en todo tiempo en el Espíritu con toda oración y ruego, vigilando con toda perseverancia y ruego por todos los santos.

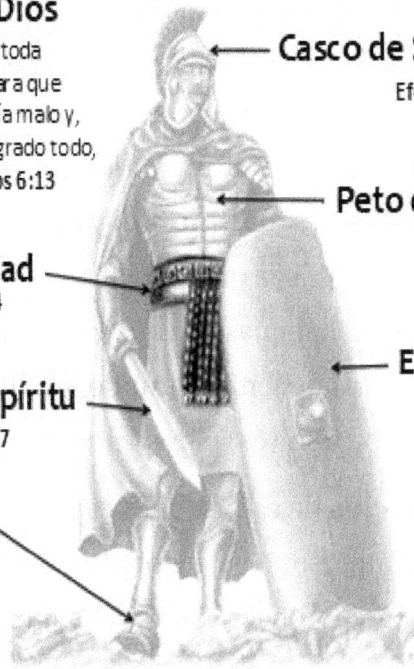

Armadura de Dios

Por esta causa, tomen toda la armadura de Dios para que puedan resistir en el día malo y, después de haberlo logrado todo, quedar firmes. Efesios 6:13

Casco de Salvación
Efesios 6:17

Peto de Justicia
Efesios 6:14

Cinturón de La Verdad
Efesios 6:14

Escudo de La Fe
Efesios 6:16

Espada del espíritu
Efesios 6:17

Pies de paz
Efesios 6:15

NOTA:

La escritura anterior en el versículo 18 habla de "orar en el espíritu". Esto ha sido referido por muchos como hablar en lenguas; sin embargo, el don del Espíritu Santo de hablar en lenguas no es dado a todos. Este "orar en el espíritu" se refiere a "hablar la palabra de Dios cuando usted ora – repitiendo las escrituras de acuerdo a lo que estes buscando la intervención de Dios".

Como se ve a continuación en 1 Corintios 12:7-11, el Espíritu Santo es el que da los diferentes dones espirituales como él considere aptos para el beneficio de todos en el cuerpo de Cristo. No son algo que podamos "aprender, comprar o planear para obtener". Así que, de nuevo, si Efesios 6:18 dice "ora en el espíritu" **una cosa muy recomendable para hacer si planeas tener alguna posibilidad de enfrentar a Satanás y sus seguidores**, y 1 Corintios 12:10 establece que sólo algunos reciben el don de hablar en varias lenguas (lenguajes), orar las escrituras es algo que **todos** pueden hacer independientemente de qué regalo(s) espiritual(es) el Espíritu Santo les ha dado.

La recepción de estos dones espirituales ocurre después de que una persona ha aceptado a Jesucristo como su Señor y Salvador, entonces son espiritualmente bautizados en el Espíritu Santo, que viene y vive dentro de ellos. Él es el consolador/ayudante de quién Jesús habló quién lo reemplazaría cuando ascendiera al cielo después de ser crucificado (Juan 14:25-29).

1 Corintios 12:7-11 Reina Valera Actualizada (RVA-2015)
El Espíritu Santo da dones espirituales para el Beneficio de todos, no para la "fama" individual

7.   Pero a cada cual le es dada la manifestación del Espíritu para provecho mutuo.

8.   Porque a uno se le da palabra de sabiduría por medio del Espíritu; pero a otro, palabra de conocimiento según el mismo Espíritu;

9. a otro, fe por el mismo Espíritu; y a otro, dones de sanidades por un solo Espíritu;

10. a otro, el hacer milagros; a otro, profecía; a otro, discernimiento de espíritus; **a otro, géneros de lenguas**; y a otro, interpretación de lenguas.

11. Pero todas estas cosas las realiza el único y el mismo Espíritu, repartiendo a cada uno en particular como él designa.

Juan 14:25-29 Reina Valera Actualizada (RVA-2015)
El Don de Su Paz

25. "Estas cosas les he hablado mientras todavía estoy con ustedes.

26. Pero el Consolador, el Espíritu Santo que el Padre enviará en mi nombre, él les enseñará todas las cosas y les hará recordar todo lo que yo les he dicho.

27. La paz les dejo, mi paz les doy. No como el mundo la da yo se la doy a ustedes. No se turbe su corazón ni tenga miedo.

28. Oyeron que yo les dije: "Voy y vuelvo a ustedes". Si me amaran se gozarían de que voy al Padre, porque el Padre es mayor que yo.

29. Ahora se lo he dicho antes que suceda para que, cuando suceda crean.

CAPÍTULO NUEVE

Cómo la Palabra de Dios es un Arma contra los Espíritus Marinos

Isaías 27:1 Reina Valera Actualizada (RVA-2015)

La espada de Dios (Palabra de Dios)

27. En aquel día el SEÑOR castigará con su espada dura, grande y fuerte, al Leviatána, la serpiente furtiva, al Leviatána, la serpiente tortuosa; y matará también al monstruo que está en el mar.

Ezekiel 29:3-5 Reina Valera Actualizada (RVA-2015)

El anzuelo de Dios para arrastrar fuera del agua de nuestros cuerpos al espíritu marino como pez no puede vivir fuera del agua

3. Habla y di que así ha dicho el SEÑOR Dios[a]: He aquí yo estoy contra ti, oh faraón, rey de Egipto, gran monstruo que estás tendido en medio de sus canales, y que dices: 'Míos son los canales del Nilo, pues yo los hice'.

4. "Yo pondré ganchos en tus quijadas, y haré que los peces de los canales se peguen sobre tus escamas. Te sacaré de en medio de tus canales, y todos los peces de tus canales saldrán pegados a tus escamas.

5. Te arrojaré al desierto, a ti y a todos los peces de tus canales. Caerás sobre la superficie del campo; no serás recogido ni sepultado[b]. Te he dado por comida a los animales de la tierra y a las aves del cielo.

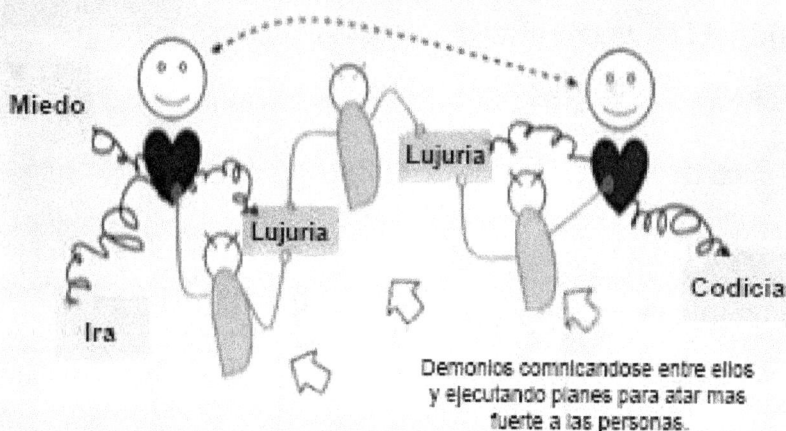

Conexión Demoniaca de Fortalezas Espirituales en Creyentes (con otros creyentes y no creyentes)

La gente se encuentra inexplicablemente atraída a otros inconscientes de los elementos que trabajan

Miedo

Lujuria

Lujuria

Ira

Codicia

Demonios comnicandose entre ellos y ejecutando planes para atar mas fuerte a las personas.

Los demonios se vinculan con otros demonios dentro y alrededor de otras personas para juntar personas BASÁNDOSE EN SUS EN LAS FORTALEZAS ESPIRITUALES OCULTAS en sus corazones.
Si las personas continúan secretamente amando esos pecados, los demonios establecen control muy poderoso sobre la persona.

Job 26:12-13 Reina Valera Actualizada (RVA-2015)

Pídele a Dios que hiera a través del espíritu de orgullo de la persona, provocado por el cónyuge espiritual

12. Él aquietó el mar con su poder, y con su entendimiento aniquiló a Rahab[a].

13. Con su soplo despejó los cielos, y su mano atravesó a la serpiente furtiva[b]

El ejemplo del cuadro está usando al espíritu de la lujuria. Los gustos atraen gustos (la perversión trae perversión, el robo trae robo etc.)

1 Samuel 5:2-4 Reina Valera Actualizada (RVA-2015)

2. Los filisteos tomaron el arca de Dios, la introdujeron en el templo de Dagón y la pusieron junto a Dagón.

3. Y cuando los de Asdod se levantaron temprano al día siguiente, he aquí que Dagón estaba caído en tierra sobre su rostro, frente al arca del SEÑOR. Entonces tomaron a Dagón y lo pusieron otra vez en su sitio.

4. Pero al levantarse temprano al día siguiente, he aquí que Dagón estaba caído en tierra sobre su rostro, frente al arca del SEÑOR; y la cabeza y las manos de Dagón estaban cortadas, sobre el umbral. Solo el tronco[a] le había quedado a Dagón.

Apocalipsis 12:11 Reina Valera Actualizada (RVA-2015)

Comparte su testimonio para ayudar a otros a vencer

11. Y ellos lo han vencido por causa de la sangre del Cordero y de la palabra del testimonio de ellos, porque no amaron sus vidas hasta la muerte.

2 Reyes 2:19-21 Reina Valera Actualizada (RVA-2015)

Profetiza al agua

19. Entonces los hombres de la ciudad dijeron a Eliseo:
—He aquí, el lugar de esta ciudad es bueno, como lo ve mi señor; pero las aguas son malas, y la tierra es estéril.

20. Entonces él dijo:
—Tráiganme una vasija nueva y pongan en ella sal.
Se la trajeron.

21. Y salió al manantial de las aguas, echó dentro la sal y dijo:
—Así ha dicho el SEÑOR: "Yo saneo estas aguas, y no habrá en ellas más muerte ni esterilidad".

Ezequiel 26:16-17 Reina Valera Actualizada (RVA-2015)

Profetiza al agua (espíritus marinos) porque te atacarán en algún momento de tu vida

16. Entonces todos los príncipes del mar descenderán de sus tronos, se quitarán sus mantos y se despojarán de sus

ropas bordadas. Se vestirán de estremecimiento y se sentarán sobre la tierra, temblando a cada instante. Estarán atónitos a causa de ti.

17. Entonarán un lamento por ti y te dirán:

"'¡Cómo has perecido, oh ciudad alabada, que fuiste poblada por gente de mar! 'Era poderosa en el mar, ella y sus moradores. Ellos impusieron su terror sobre todos sus habitantes"

Ezequiel 27:27 Reina Valera Actualizada (RVA-2015)

Esto es lo que te ocurrirá después de que los espíritus marinos hayan atacado; quieren destruirte por complete

27. "En el día de tu caída caerán en medio de los mares:

tus riquezas, tus mercaderías, tus productos, tus marineros, tus timoneles, los que reparaban tus desperfectos, los agentes de tu intercambio, todos tus hombres de guerra que están en ti, y toda la multitud que se halla en medio de ti.

Marcos 5:12-13 Reina Valera Actualizada (RVA-2015)

Los 2,000 espíritus terminaron en el agua; ¡los demonios son manipulativos!

12. Y le rogaron[a] diciendo:
—Envíanos a los cerdos, para que entremos en ellos.
13. Jesús les dio permiso. Y los espíritus inmundos salieron y entraron en los cerdos; y el hato, como dos mil cerdos, se lanzó al mar por un despeñadero y se ahogaron en el mar.

Amados, no crean a todo espíritu, sino prueben si los espíritus son de Dios

1 Juan 4:1

CAPÍTULO DIEZ

Visitantes Nocturnos

Muchas personas han sufrido terribles problemas y han recibido los mayores ataques durante la noche. Muchos que estaban sanos, felices, con mentes sanas, se fueron a dormir solo para despertarse con alguna misteriosa enfermedad, trastorno mental, fracaso comercial, muerte de un ser querido, colapso del matrimonio y otros problemas debido a un Visitante Nocturno.

Mateo 13:25 Reina Valera Actualizada (RVA-2015)

25. Pero, mientras dormían los hombres, vino su enemigo y sembró cizaña entre el trigo, y se fue.

El sueño es un arma poderosa de Satanás. Se ha especializado en usar el sueño necesario del hombre como una forma de anestesia para llevar a cabo operaciones malvadas sobre ellos. Satanás usa la oscuridad para cubrir los ataques de sus víctimas. El hecho es que cuando una persona se duerme, es extremadamente vulnerable a los ataques espirituales.

Salmos 74:20 Reina Valera Actualizada (RVA-2015)
Respetar la Palabra de Dios

20. Mira el pacto; porque los tenebrosos lugares de la tierra están llenos de moradas de violencia.

Cada comunidad en la tierra tiene lugares oscuros. Las comunidades en las que vivimos están llenas de poderes invisibles que a menudo usan agentes humanos, cuyo trabajo es esperar las horas oscuras y atacar a hombres, mujeres y niños. Para que alguien sea miembro de esa sociedad oscura, deben ser malvados; contaminados por el mal

Job 4:12-16 Reina Valera Actualizada (RVA-2015)
El encuentro de Job con un espíritu nocturno

12. Un mensaje me ha sido traído en secreto, y mi oído ha percibido un susurro de ello:

13. En medio de los inquietantes pensamientos de las visiones nocturnas, cuando el sueño profundo cae sobre los hombres,

14. me sobrevinieron espanto y estremecimiento que aterraron todos mis huesos

15. Entonces un fantasma pasó frente a mí, e hizo que se erizara el vello de mi cuerpo.

16. Se detuvo, pero yo no reconocí su semblante. Ante mis ojos había una imagen,

Job fue atacado por un visitante nocturno. No anticipó lo que le sucedió. Todo lo que quería era dormir, pero en lugar de eso se despertó temblando y temeroso ya que el sueño era muy vívido y real. Esto se debe a que un espíritu lo había visitado y colocado sobre él, el espíritu de temor. El espíritu de miedo se apoderó de él tan fuertemente que el cabello de Job se puso de punta, avergonzándolo. Como resultado de no reprender el pacto forjado en el sueño con el espíritu del mal, el temor de Job, se manifestó en su vida; evidente por la pérdida de todo lo que tenía. Perdió a sus hijos, la riqueza y la salud al borde de la muerte. Sin embargo, Dios permitió que esto le demostrara a Satanás el profundo nivel de la fe de Job en su Padre Celestial.

Una vez más, es vital que no solo reprendas/vengas contra cualquier convenio en tus sueños con Satanás, PERO que también llegues a un acuerdo con aquellos convenios en tus sueños que son con Dios. Tener la voluntad de Dios en nuestras vidas asegurará que seamos restaurados si no en esta vida, en la eternidad con todas las bendiciones que Dios tiene para nosotros.

Ahora a pesar de que Job no vino contra el pacto con Satanás en sus sueños, la prueba fue como el resultado de un acuerdo entre Dios y Satanás. En esencia, Satanás le dijo a Dios que podía hacer que Job lo maldijera si Dios le quitaba el seto (muro) de protección espiritual que rodeaba a Job y todo lo que era suyo. Dios en Su infinita sabiduría, conociendo el corazón de Job como lo hace con TODOS los humanos, acordó remover Su protección de Job. La única condición era que Satanás no pudiera quitarle la vida a Job.

Después de que Satanás hizo todo lo posible para lograr que Job maldijera a Dios y falló, Dios restauró a Job a un lugar donde tuvo más de lo que tenía antes de que las pruebas de Satanás llegaran a su vida. Entonces, pueden preguntarse "¿cómo es eso posible?" Es posible porque Job había hecho un pacto previamente con Dios; Job obedeció los mandamientos de Dios y confió en todo lo que él era y tenía para Dios. En pocas palabras, cuando honramos a Dios, Él nos honrará y nos mantendrá a través de todas las pruebas de la vida.

Para nosotros hoy, después del sacrificio de sangre que Jesucristo hizo en la cruz en el Calvario, donde su muerte y resurrección acabaron con las leyes que Job siguió, ahora solo estamos cubiertos/protegidos haciendo un pacto con Jesucristo para tenerlo a Él como nuestro Señor y Salvador. Es el único camino hacia la salvación y el acceso a Dios, ya que los sacrificios de animales que el hombre solía ofrecer a Dios ya no podían expiar el pecado y la vileza que había sobre la tierra.

Juan 14:6 Reina Valera Actualizada (RVA-2015)

7. Jesús le dijo:

—Yo soy el camino, la verdad y la vida; nadie viene al Padre sino por mí.

Juan 5:20-30 Reina Valera Actualizada (RVA-2015)

20. Porque el Padre ama al Hijo y le muestra todas las cosas que él mismo hace. Y mayores obras que estas le mostrará, de modo que ustedes se asombrarán.

21. Porque así como el Padre resucita a los muertos y les da vida, así también el Hijo da vida a los que quiere.

22. Porque el Padre no juzga a nadie sino que todo el juicio lo dio al Hijo,

23. para que todos honren al Hijo como honran al Padre. El que no honra al Hijo, no honra al Padre que lo envió.

24. "De cierto, de cierto les digo que el que oye mi palabra y cree al que me envió tiene vida eterna. El tal no viene a condenación sino que ha pasado de muerte a vida.

25. De cierto, de cierto les digo que viene la hora, y ahora es, cuando los muertos oirán la voz del Hijo de Dios, y los que oyen vivirán.

26. Porque así como el Padre tiene vida en sí mismo, así también dio al Hijo el tener vida en sí mismo.

27. Y también le dio autoridad para hacer juicio, porque él es el Hijo del Hombre.

28. No se asombren de esto, porque vendrá la hora cuando todos los que están en los sepulcros oirán su voz

29. y saldrán, los que hicieron el bien para la resurrección de vida pero los que practicaron el mal para la resurrección de condenación.

30. Yo no puedo hacer nada de mí mismo. Como oigo, juzgo; y mi juicio es justo porque no busco la voluntad mía sino la voluntad del que me envió.

Efesios 5:11 Reina Valera Actualizada (RVA-2015)

11. y no tengan ninguna participación en las infructuosas obras de las tinieblas sino, más bien, denúncienlas.

Los asaltantes nocturnos satánicos han destruido muchas vidas. Todos los pasos físicos tomados para protegerlo a usted y a su propiedad de los ladrones no pueden ayudarlo en el Reino Espiritual. Los espíritus no usan las puertas o ventanas de los edificios para obtener acceso a usted. Están constantemente llevando a cabo sus asignaciones.

Por qué los visitantes nocturnos vienen de noche

• La oscuridad es la ausencia de luz

• La oscuridad no es una creación positiva

• La oscuridad es el resultado de oscurecer la luz

• La gente encuentra la oscuridad incómoda debido a la incertidumbre

• La oscuridad puede hacer que una persona pierda el rumbo

• La oscuridad puede hacer que una persona divague

• La oscuridad puede hacer que una persona el/ella se exponga al peligro

• La oscuridad puede hacer tropezar a una persona (no se puede ver hacia dónde se dirige)

Jeremías 13:16 Reina Valera Actualizada (RVA-2015)
Si la "oscuridad" es permitida por Dios, necesitas abordar el pecado en tu vida para ser liberado de la oscuridad

16. Den gloria al SEÑOR su Dios, antes que él haga que se oscurezca; antes que sus pies tropiecen contra montañas tenebrosas y la luz que esperan él se la vuelva densa oscuridad y la convierta en tinieblas.

Hay grados de oscuridad; parcial, medio y completo. Por ejemplo, si tratas de proyectar luz en una habitación grande con solo una vela, verás que la mayor parte de la luz estará cerca de la vela. Mientras más lejos mires de la vela, más oscuro aparece el espacio. La Palabra de Dios dice que debemos dejar que nuestra luz brille desde nuestro interior. La oscuridad es silenciosa; tiene poder de unión y separación.

Mateo 5:14-16 Reina Valera Actualizada (RVA-2015

14. "Ustedes son la luz del mundo. Una ciudad asentada sobre un monte no puede ser escondida.
15. Tampoco se enciende una lámpara para ponerla debajo de un cajón, sino sobre el candelero; y así alumbra a todos los que están en la casa.
16. Así alumbre la luz de ustedes delante de los hombres, de modo que vean sus buenas obras y glorifiquen a su Padre que está en los cielos.

Satanás ha liberado sobre los hombres, un ejército de visitantes nocturnos. La noche es más conductiva para la actividad malvada de los espíritus que llevan a cabo sus asignaciones. Algunas de las cosas que se llevan a cabo a través de los hombres que han hecho convenios (conocidos y desconocidos) con estos espíritus malignos son:

- Sacrificios
- Robo
- Ataques de brujería
- Reuniones demoníacas
- Fiestas / clubes / bares (lugares utilizados para que la gente baje la guardia a través de la música, el alcohol, las drogas, la lujuria, etc.)
- Casas de drogas

¿Quiénes son los visitantes nocturnos?

- **Poderes Marinos** - cuyo trabajo principal es lograr que el hombre desobedezca el mandamiento de Dios de amarlo por encima de todo, y hacer que el hombre confíe en los poderes demoníacos para obtener el control, riquezas, territorio y la soberanía sobre los demás.

- **Espíritus Familiars** - estos confunden al hombre, causan desastres y arruinan vidas. Su poder es el conocimiento que tienen de sus objetivos, ya que han sido asignados para verlos desde su nacimiento, registrando todo sobre ellos solo para usarlo en contra de ellos más adelante en la vida.

También aman cuando las personas guardan secretos en lugar de confesarlos y ser libres.

- **Poderes de la Brujería** - estos son bien conocidos, incluso si no son confesados por muchos en el mundo. Aunque las brujas y los brujos están activos durante el día, la mayor parte de lo que hacen se realiza bajo la oscuridad de la noche. Mientras las personas se van a dormir, los poderes de la brujería comienzan a enviar ataques para destruir sus vidas con mayor frecuencia desde los altares maleficos.

- **Demonios Forestales** – Estos a veces se salen de su dominio y se unen a las personas, lo que genera miedo y una sensación de estar pérdido. Para las personas que tienen sueños en los que se pierden en un bosque, este tipo de espíritu esta activo en sus vidas *(como Boraro de América del Sur, los del Bosque Aokigahara de Japón, el Bosque Hoia-Baciu de Transilvania).*

- **Espíritus Errantes** - hacen lo que sugiere su nombre, deambulan buscando cuerpos humanos para poseer. Muchos en el mundo piensan en ellos como las almas perdidas de los muertos, que están atrapados en el purgatorio, sin embargo, estos son espíritus malignos que siguen sus asignaciones. Esto también expone la idea de la reencarnación...

Eclesiastés 9:5-6 Reina Valera Actualizada (RVA-2015)

5. Porque los que viven saben que han de morir; pero los muertos no saben nada ni tienen más recompensa, pues la memoria de ellos es puesta en el olvido.
6. También han desaparecido su amor, su odio y su envidia. Ya no tienen parte en este mundo, en todo lo que se hace debajo del sol.

• **Ángeles Malvados** - estos poderes tienen la capacidad de parecerse a una persona normal, que desaparecerá si se descubre su verdadera identidad. Un ejemplo sería si ves a alguien a lo lejos y algo sobre ellos parece peculiar en tu espíritu. Solo para mirar hacia otro lado por un breve momento, en ese momento desaparecen. Esto sería opuesto pero similar a la escritura de abajo ya que Satanás construyó su estrategia como lo contrario de la Palabra de Dios:

Hebreos 13:2 Reina Valera Actualizada (RVA-2015)

2. No se olviden de la hospitalidad porque por esta algunos hospedaron ángeles sin saberlo.

- **Personalidades Malvadas** - se muestran en personas que hacen maldades contra otros para su propio beneficio personal. Controlan y manipulan a sus víctimas para buscar continuamente la autorrealización, lo cual solo mantiene activo el pacto; esclavitud.

- **Poderes Ocultos** - como sociedades secretas (masones, logias, fraternidades, hermandades), también cualquier club no secreto que hace juramentos y promesas a cualquier otro espíritu que no sea Dios.

- **Agentes de Reclutamiento** - estos buscan personas con cualquier nivel de maldad en ellos para iniciarlos en una esclavitud espiritual más profunda. Estos también pueden acercarse y observar a las personas a través de su control de los humanos.

- **Espíritus que Simulan la Muerte** - estos lo ven como alguien que está muerto ya sea mientras está despierto (en un breve vistazo) o en un sueño. Su objetivo es hacerte sentir cómodo o a gusto permitiéndoles engañar/manipular o iniciarte en la esclavitud espiritual con poca o ninguna resistencia de tu parte.

- **Espías satánicos** - independientemente de lo que pienses, el Reino del Espíritu tiene niveles de agentes que recopilan todo tipo de información sobre el hombre; reconocimiento. Estos no necesariamente tienen que ser espíritus; muchos humanos se permiten a sí mismos a través de convenios de algún tipo de "ganancias falsas" para ser utilizados en la recolección de inteligencia en otras personas.

- **Manipuladores de sueños** - así como Dios usa los sueños para comunicarse con el hombre, Satanás y sus seguidores también lo hacen. Estos manipulan sus sueños en cosas aparentemente inofensivas o tonterías, solo para crear convenios con usted, que NO reprende al despertar, porque cree que sus sueños no tienen sentido. Debes reprender los sueños de Satanás.

Algunos atributos de los visitantes nocturnos

• Se comen la carne de sus víctimas y beben su sangre en forma de enfermedad.

• Tientan a sus víctimas con comida en sus sueños, tratando de que ingieran alimentos que en realidad son maldiciones disfrazadas.

• Tomarán la forma de un ídolo en la vida de la víctima;

algo que aprecian, una persona, cosa o actividad.

• Persiguen a todos en el hogar a través de al menos una persona, que se convierte en la puerta de entrada para que otros espíritus se hagan dueños de la propiedad. Tendría que limpiar espiritualmente la propiedad para deshacerse de ellos.

• Ellos **son** los espíritus de la muerte y el infierno.

Lucas 22:52-53 Reina Valera Actualizada (RVA-2015)
Cuando vinieron a arrestar a Jesús antes de Su crucifixión

52. Entonces Jesús dijo a los principales sacerdotes, a los magistrados del templo y a los ancianos que habían venido contra él:

—¿Como contra un asaltante han salido con espadas y palos?

53. Habiendo estado con ustedes cada día en el templo, no extendieron la mano contra mí. Pero esta es la hora de ustedes y la del poder de las tinieblas.

La escritura anterior muestra que Jesús admite que la oscuridad tiene su propio poder.

¿Por qué los visitantes nocturnos tienen éxito?

• Pecado en las vidas de las personas por la que no se han arrepentido.

• Maldiciones que permanecen en su lugar y que no han sido destruidas por la persona prevista u otra persona de su familia para la liberación de toda la línea de sangre.

• Convenios malvados hechos a sabiendas o sin saber por esa persona o por alguien vivo o muerto en su familia.

• Falta de liberación en la vida de la persona. Podría ser una liberación parcial del pecado, con algún pecado restante aún no resuelto.

• Un ambiente espiritual malo como un hogar desecho, un hogar lleno de incrédulos, maldad en el trabajo, etc.

• Se ha producido una reincidencia en la vida de una persona, lo que significa que no sigue los caminos de Jesucristo al 100%. Quiere tener un pie todavía en el "mundo".

Salmos 130 Reina Valera Actualizada (RVA-2015)

Para el reincidente

(una persona que está siguiendo a Cristo pero que realmente no comprende la Palabra de Dios, aunque lo desee, debido a su debilidad en Dios, el pecado sigue retrocediendo a partes de su vida antigua)

Esperanza en la redención divina:

1. Canto de ascenso gradual[a].
De lo profundo de mi ser clamo a ti, oh SEÑOR.

2. Señor, escucha mi voz; estén atentos tus oídos a la voz de mi súplica.

3. Oh SEÑOR[b], si tienes presente los pecados, ¿quién podrá, oh Señor, mantenerse en pie?

4. Pero en ti hay perdón para que seas reverenciado.

5. Yo espero en el SEÑOR; mi alma espera. En su palabra he puesto mi esperanza.

6. Mi alma espera al SEÑOR más que los centinelas a la mañana; sí, más que los centinelas a la mañana.

7. Oh Israel, pon tu esperanza en el SEÑOR, porque en el SEÑOR hay misericordia y en él hay abundante redención.

8. Él redimirá a Israel de todos sus pecados.

CAPÍTULO ONCE

Identificando Espíritus en Mí

Puede usar el siguiente cuestionario para comprender mejor los espíritus que trabajan en su vida. Una vez que tenga este conocimiento, puede usar la Palabra de Dios para liberarte a ti mismo y a tu familia de ellos.

Su puntaje general se calcula tomando su puntaje total y dividiéndolo por 30. Por ejemplo, si suma el número de puntaje para cada una de las 30 preguntas y obtiene 91, entonces calcularía 91/30 = 3.03 cuanto más alto sea su puntaje, más es evidente que estás tratando con un espíritu malvado en tu vida.

Para las declaraciones, usted tiene una puntuación de 3, 4 o 5, estas son las áreas en las que Satanás y sus espíritus lo están atacando con éxito: usted necesita liberación en estas áreas. Las declaraciones con una puntuación de 1 o 2 no son áreas de los principales ataques de Satanás; sin embargo, también debes obtener liberación de estas áreas.

Instrucciones: lea cada afirmación y puntúelo según su vida como:

1 = Nunca   3 = Generalmente   5 = Mucho

2 = Raramente   4 = A menudo

Cuestionario:

1 No rezo por santificación sobre la comida que como o los líquidos que bebo.

2 A menudo tengo sueños de agua.

3 Vivo en un área con muchas fuentes naturales de agua (océano, ríos, lagos, arroyos).

4 Tengo ídolos en mi vida (cosas / personas que adoro, aprecio, soy un "fan" de).

5 Sirvo al Dios Altísimo y a otros dioses (compromisos en organizaciones griegas, sociedades secretas, etc..).

6 Tengo sueños sexuales.

7 Me parece que muchas de mis pertenencias personales simplemente desaparecen.

8 He estado involucrado en el satanismo o la brujería (ya sea por mi propia voluntad o la de herencia familiar).

9 Practiqué la proyección/viaje astral.

10 He visitado uno de los Reinos Marinos en los ríos, lagos, arroyos u océanos (físicamente y/ o en sueños).

11 He pedido poder sobrenatural de otras fuentes además del Dios Altísimo.

12 He adquirido riquezas de fuentes espirituales distintas del Dios Altísimo.

13 He adquirido y operado en poderes recibidos de fuentes distintas al Dios Altísimo.

14 He ejercido la adivinación (adivinación, augurio, clarividencia, segunda vista, etc.).

15 He realizado hechizos (convocando a los muertos, tratando de hablar con los muertos o espíritus).

16 Lancé monedas a estanques, fuentes, pozos de deseos y pedí un deseo.

17 He visitado herbolarios / hechiceros para obtener poder o protección (no herbolarios para hierbas medicinales).

18 Me encuentro queriendo poder para gobernar sobre otros.

19 Poseo poderes mágicos.

20 Visité al ocultista para librarme de las entidades espirituales.

21 Saco de entidades espirituales para alcanzar el éxito.

22 Realicé rituales para que otros me amaran (hechizos de amor, pociones de amor).

23 Les di a otros, porciones para que consumieran para controlar sus emociones (aparte del amor, para que tomaran decisiones que yo quería que tomaran, quitándoles su libre albedrío).

24 Yo sueño de nadar.

25 Sueño con ahogarme.

26 Las sectas y otras religiones abundan en el área donde vivo.

27 Yo / Mi cónyuge / Mis padres han sufrido un aborto espontáneo repentino durante el embarazo.

28 Los gobernantes políticos o espirituales en mi país son culpables de inmoralidad.

29 Me he divorciado.

30 Yo apruebo la desnudez pública.

Superando Espíritus en Tu Vida

• Entregue su vida al Dios Altísimo, pídale a Jesucristo que sea su Señor y Salvador; esto no es negociable, sin hacerlo, nada más lo ayudará a ser libre.

• Arrepiéntase de todos los pecados heredados y personales.

• Rompe cada lazo del alma con todos los cónyuges espirituales.

• Ore agresivamente contra sus actividades en tu vida. Quema los anillos de matrimonio espiritual, certificados, vestidos de boda, niños, etc. con el Fuego del Espíritu Santo a través de la oración.

• Obten la liberación (la oración de auto-liberación esta al final del libro si la necesitas).

• Recibe el bautismo del Espíritu Santo a través de la oración.
• Decide vivir santo.

• Haz que la lectura de la Palabra de Dios sea una práctica frecuente y diaria en tu vida.

• Agregue ayunos a tu caminata de fe. Pídale a Dios que te indique con qué frecuencia, cuándo, la duración y el tipo de ayunos a tomar.

• Ora y deja que Dios te dirija sobre cómo puedes ayudar a otros en el ministerio de Él.

CAPÍTULO DOCE

¿Cómo Puedo Ser Liberado?

De un cónyuge espiritual:

1. Arrepiéntete de cualquier pecado conocido y desconocido en tu vida (entiende que este es un proceso intensivo; algunas áreas específicas contra las que puedes hablar en las que has participado están enumeradas a continuación).

Promiscuidad	Delincuencia Juvenil	Inmoralidad	Muerte
Encantamientos	Brujería	Enjaulamiento de almas	Duda
Idolatría	Matrimonios Múltiples / Divorcio	Desobediencia / Rebelión	Hechicería
Seduciendo a otros	Anticristo	Persiguiendo a los demás (ningún hombre es impecable)	Matanza
Locura	Infertilidad	Matrimonios Impíos (a través de la coerción)	Engañando a los demás
Debilidades (enfermedad)	Inmoralidad sexual (sexo que no sea con el sexo opuesto, con animales, con objetos)	Siguiendo las guías espirituales falsas	Asesinato
Prostitución (sexo para cualquier cosa)	Auto-adoración (Narcisismo)	Pobreza	

2. Pídele a Dios que te ayude a perdonar por completo a aquellos que te han hecho mal. Además, perdónate por las decisiones destructivas que has hecho en el pasado.

3. Identifique si es posible, la puerta a través de la cual recibió al esposo o esposa espiritual. Ayune y ore pidiéndole a Dios que le muestre dónde lo obtuvo si no está seguro. Una vez que lo sepa, dígalo por su nombre.

    a. Si fue por un pecado sexual, llame el nombre de la (s) persona (s) que conoce que fue (ron) el punto de contacto. Si no recuerdas los nombres, pídele a Dios que se los revele.

    b. Las emociones pecaminosas que has mantenido en tu corazón también deberían incluirse en tu oración de arrepentimiento, tales como:

Miedo	Estrés	Ansiedad
Lujuria	Inseguridad	Ira
Codicia	Daño profundo	Rechazo
Abandono	Miedo a la muerte	Miedo a ahogarse
Miedo al rechazo	Miedo al océano o al agua	Excesivo miedo a los ríos
Odio	Dolor	Autor rechazó
Orgullo	Desesperanza	

4. Destruya cualquier regalo de la relación que el cónyuge espiritual usó para obtener acceso a usted. Todas las cosas de tu ex novio o ex novia destruyelas con fuego si puedes o tiralas a la basura. Puede haber algunas cosas que puedes mantener - **ore y confirme con Dios primero en estos artículos.**

5. Declare diariamente al poder redentor de la Sangre de Jesús sobre usted mismo.

   Ore: " Dios Padre, por el poder victorioso y redentor de la Sangre de Jesús, rompa los lazos del alma, sepáreme de este cónyuge espiritual traído a mí a través de la relación que tuve con _____. En el nombre de Jesús y el poder de Su Sangre, rompe el pacto Padre en el nombre de Jesús, rezo. "

Oración Por La Liberación

6. Ora estas referencias de las Escrituras **para liberarte y renunciar al** matrimonio espiritual y la siguiente oración:

   Mateo 22:30 - Después de la muerte no hay matrimonio. Los espíritus no se deben de casar.

Levítico 19:19 - incluso se supone que el ganado no debe dormir con ningún otro animal sino con el ganado; lo cual presupone que los seres humanos no duermen con espíritus y por eso divorciate de cada espíritu en el nombre de Jesús.

2 Corintios 11: 2 - este pasaje de las Escrituras advierte que estas casadas con Jesús, por lo que todo esposo o esposa espiritual queda divorciado en el nombre de Jesús

Deuteronomio 24: 1-4 - expide un certificado de divorcio contra el esposo o la esposa espiritual.

Colosenses 2:14 - Saca la caligrafía de las ordenanzas que estaban en contra nuestra, lo cual era contrario a nosotros, y la quitó del camino, clavándola en Su cruz.

(Nota: las partes de la oración a continuación que se aplican a los matrimonios aún se repiten, incluso si no están casados para evitar problemas futuros)

En el precioso y poderoso nombre de Jesús:

❖ Renuncio a todas las promesas matrimoniales o los acuerdos en los que mis ancestros o mis parientes inmediatos se han unido en mi nombre, ahora o antes de mi nacimiento.

- ❖ Rompo y desactivo todos los votos o convenios en los que participé con un cónyuge espiritual.

- ❖ Por fe, retiro todo material de compromiso, visible o invisible, presentado al Mundo Espiritual en mi nombre.

- ❖ Ordeno al fuego de Dios reducir a cenizas el atuendo de la boda espiritual, los anillos, las fotografías, el certificado de matrimonio y todos los demás materiales utilizados para la boda.

- ❖ Rompo cada pacto demoníaco de sangre como resultado de tener sexo, comida o ceremonias en mi sueño con un cónyuge espiritual.

- ❖ Deje que todos los niños demoníacos que he tenido (consciente o inconscientemente) en el Reino Espiritual, sean consumidos por el fuego.

- ❖ Por el poder en la Sangre de Jesús y bajo Su nuevo pacto, retiro mi DNA, mi sangre, mi destino y cualquier otra parte de mi cuerpo depositada en el altar de un cónyuge espiritual.

- ❖ Recibo autoridad espiritual para romper todos los votos y pactos matrimoniales, y para afectar un divorcio eterno entre el cónyuge espiritual y yo, en el nombre del Padre, del Hijo y del Espíritu Santo.

- ❖ Pido al cielo y a la tierra que atestigüen este día que devuelvo todas las propiedades demoníacas en mi posesión al Mundo Espiritual, incluyendo los símbolos, dote y todo lo que se presentó en el altar o santuario satánico para la ceremonia de matrimonio.

- ❖ Que la sangre de Jesús purgue mi sistema de todo sexo ilícito y todos los depósitos demoniacos.

- ❖ Que el foco de luz del Espíritu Santo, escudriñe mi cuerpo y exponga y destruya toda marca demoníaca, etiqueta o exclusión depositada en mi vida.

- ❖ Le ordeno a cada imagen extraña, objeto o símbolo depositado por el cónyuge espiritual que salga de mi vida.

- ❖ Rompo la cabeza de la serpiente; depositada en mi cuerpo por el cónyuge espiritual para hacerme daño, y ordeno que salga

- ❖ Envío mi cuerpo a la sala quirúrgica celestial para una operación completa para reparar, restaurar o corregir cualquier daño causado a cualquier parte de mi cuerpo y/o mi matrimonio terrenal, por el cónyuge espiritual.

- ❖ Rechazo y renuncio al nombre demoníaco que me fue dado por el cónyuge espiritual y me empapo en la Sangre de Jesús y cancelo cada marca demoníaca unida a esos nombres.

- ❖ Solicito al Juez del Cielo y la Tierra que emita una orden de restricción permanente para cada cónyuge espiritual que me acose en mis sueños.

- ❖ Destruyo cada poder demoníaco asignado para desestabilizar mi matrimonio terrenal y la capacidad de tener hijos.

- ❖ Que el Señor Jesucristo reprenda a cada agente demoníaco comisionado por el cónyuge espiritual para causar malentendidos entre mi cónyuge y yo.

❖ Con efecto inmediato, abandono y repudio a cualquier niño espiritual unido a mi nombre por el cónyuge espiritual y le pido a mi Padre Celestial que haga con ellos lo que crea conveniente.

Abogo por la sangre de Jesucristo sobre mí y mi familia. Gracias Padre Celestial por tu gracia y misericordia en el nombre de Jesús rezo, Amén.

Una Oración Cancelando y Entrando En Acuerdo

(con cosas en tus sueños y para poder recordar sueños olvidados):

"Padre, sé que acabo de tener un sueño, pero no recuerdo nada de eso.

Cancelo todo de ese sueño que no es de ti.

Padre lo cancelo, lo rechazo, lo renuncio, me desasocio con todos los poderes del Reino de la Oscuridad que están relacionados con ese sueño.

Cualquier pacto malvado que se haya forjado sutilmente en ese sueño, me desasocio,

Cancelo, rechazo, renuncio, cancelo todos los acuerdos que no están con usted, Padre.

No tomará forma en mi vida, la vida de los miembros de mi familia y cualquiera concerniente a ese sueño.

Sin embargo, si el sueño es de ti, Dios Padre, entonces me ato a lo que deseas para mi vida.

Porque según tu Palabra en Jeremías 29:11 dice que tus pensamientos hacia mí son buenos y no malvados y que tendré un final esperado.

Por lo tanto, puedo confiar en que si el sueño es de ti, entonces es algo que me beneficia.

Revélame qué es eso y vengo en acuerdo de todo corazón con él, en el nombre de Jesús rezo, amén."

Versión más corta- Cancelación /Acuerdo

"Padre Celestial, **entro** en acuerdo con

cualquier pacto hecho en mi sueño que fue

contigo y,

Vengo en contra de cualquier pacto en mi

sueño hecho con Satanás.

Por favor, revelame lo que quieres que sepa

acerca de mi sueño,

en el nombre de Jesús rezo, amén."

Una Oración Pidiendo a Dios Que te Revele Cosas Sobre Personas y Situaciones

"Dios Padre, tú lo sabes todo, nada se esconde de ti, a como dice tu Palabra en el Salmo 139.

Tu Palabra declara que todo lo que se hable (se haga) en la oscuridad seguramente saldrá a la luz como en Lucas 12: 3.

Revela a mí tu siervo lo que se me está ocultando.

Padre, incluso si tienes que mostrármelo en un sueño, revélame las cosas que no puedo ver físicamente.

Muéstrale a tu siervo en el reino espiritual lo que está siendo orquestado en términos de ocultarme cosas a las que yo sería ignorante.

Revélame la trampa, en el nombre de Jesús, rezo, amén."

Una Oración Para Ayudarlo a Enfocarse en Lo Que Dios Le Muestra en Sueños

"Dios Padre, claramente hay algo en el horizonte para mí.
Tranquiliza mi espíritu; elimina el enojo, la amargura, el ser argumentativo, y todas esas cosas que me impiden centrarme en el verdadero problema.
Ahora Señor, condícióname a enfocarme en el Reino Espiritual.

Ahora maldigo el espíritu de confusión,
maldigo y ato los espíritus de la frustración y la ira,
y vengo contra toda fuerza que está tratando de alejarme de enfocarme en las Leyes de Dios, que dice en 2 Corintios 4:18 que no debo enfocarme en lo que veo, sino prestar atención al mundo invisible.

Dios Padre, me niego a luchar contra la carne y la sangre de mi jefe, mi madre, mi padre, mi supervisor, mi pastor, mi ministro; y quien venga en mi contra Señor. Padre quítame el resentimiento, porque eso es lo primero que Satanás está tratando de inyectarme para construir una pared contra ellos.

En cambio, Señor, déjame fluir en tu Palabra.
Yo rechazo la amargura; Rechazo la falta de perdón;
Perdono a aquellos que vienen contra mí Señor.

Ahora Señor, haz que se realinee con el viaje en el que originalmente me habías puesto, para dar la bienvenida, para interactuar, para alinearme con las cosas que me has preparado en **ESTE DÍA** y en los próximos días,
en el nombre de Jesús, amén."

SOBRE EL AUTOR

"Primero **GRACIAS** por apoyar mi trabajo
y **por favor deje un comentario** en el sitio web
donde lo compró ...
las revisiones son vida!"

Zita Grant es una escritora independiente, autora, directora técnica de codificación de computadoras, ávida lectora, autoproclamada crítica de cine y aficionada a las redes sociales. Sin embargo, de las cosas que hace, aprender y compartir las maravillosas "Buenas Nuevas de Jesucristo" los supera a todos.

Algunas de sus otras pasiones incluyen la cocina, degustación de comida, jardinería y viajes. Cuando no está ocupada escribiendo novelas, depurando algún código de lenguaje de computadora o ayudando a entrenar a otros escritores, pasa su tiempo disfrutando del aire libre con amigos y familiares ... o haciendo una abolladura más grande en el sofá viendo una película (80% del tiempo sería una película extranjera).

Manténgase al día con las últimas ofertas y eventos de Zita al conectarse en:

FaceBook   **Instagram**   **Twitter**

Todo con Nombre de Usuario @ZitaG_Author

REFERENCIAS

Zondervan. "BibleGateway." *BibleGateway.com: Una Biblia en línea que se puede buscar en más de 150 versiones y 50 idiomas., Zondervan, 1 de enero de 2008, www.biblegateway.com/.*

(1a) Borgmann, Albert (2006). *"La tecnología como fuerza cultural: para Alena y Griffin"* (se requiere una tarifa). La revista canadiense de Sociología. 31 (3): 351-60. *doi:10.1353/cjs.2006.0050.*. Consultado el 3 de octubre de 2017

Amoah-Boateng, Reverand Seth *"Cómo divorciarse de un esposo espiritual o esposa espiritual"*. YouTube, YouTube, 28 de mayo de 2014, www.youtube.com/watch?v=YO88H7uTeaE. Consultado el 28 de septiembre de 2017.

Olukoya, Dr. D. K. *Liberación del Esposo Espiritual y la Esposa Espiritual.* 2nd ed., Nigeria, The Battle Cry Christian Ministries, 2001.

Kee, H. C. (1994). *Los Apócrifos del studio anotado de NRSV Cambridge* (1era ed.). Nueva York, NY: Prensa de la Universidad de Cambridge.

Solomon, Reverendo James A. *Liberación de los Pactos demoníacos y maldiciones.* 2da ed., Norcross, GA, Publicación Jesus People, 2007.

Kwekudee. "VIAJE POR EL CARRIL DE LA MEMORIA." *MAMI WATA: LA DIEDAD ACUÁTICA AFRICANA FEMENINA SAGRADA*, Blogger, 19 de Diciembre de 2012, kwekudee-tripdownmemorylane.blogspot.com/2012/12/mami-wata-sacred-female-african-water_19.html. Accedido el 29 de septiembre de 2017.

King, E. (07 de Noviembre del 2011). *Poder contra los matrimonios espirituales - Parte 1.* Consultado el 30 de Septiembre de 2017, de https://www.youtube.com/watch?v=jWkL_wcJ6cY

Ewing, Minister K. L. (01 de Enero de 1970,). *Viaje a la Palabra de Dios.* R Consultado el 28 de septiembre de 2017, de http://kevinlaewing.blogspot.com/

C. (03 de Agosto del 2015) *Sacrificio del cabello indio: De donde Llega el tejido.* Consultado el 02 de octubre de 2017, de https://www.youtube.com/watch?v=l74nwgSyqYE

J. (2016, 06 de julio). *El esquema de la moda con estilo de cabello que hace miles de millones de dollares.* Consultado el 02 de octubre de 2017, de https://www.youtube.com/watch?v=M2lvzmkWba0

www.ingramcontent.com/pod-product-compliance
Lightning Source LLC
Chambersburg PA
CBHW071609040426
42452CB00008B/1290